国家自然科学基金项目（71663020）

ZHONGGUO SHOUHOU SHICHANG GUIZHI
YU FANLONGDUAN YANJIU

中国售后市场规制与反垄断研究

吴昌南◎著

企业管理出版社
ENTERPRISE MANAGEMENT PUBLISHING HOUSE

图书在版编目（CIP）数据

中国售后市场规制与反垄断研究 / 吴昌南著. —北京：企业管理出版社，2022.5

ISBN 978-7-5164-2596-1

Ⅰ. ①中… Ⅱ. ①吴… Ⅲ. ①售后服务-服务市场-研究-中国 Ⅳ. ①F726.9

中国版本图书馆 CIP 数据核字（2022）第 061170 号

书　　名： 中国售后市场规制与反垄断研究
作　　者： 吴昌南
责任编辑： 刘一玲
书　　号： ISBN 978-7-5164-2596-1
出版发行： 企业管理出版社
地　　址： 北京市海淀区紫竹院南路 17 号　　**邮编：** 100048
网　　址： http：//www.emph.cn
电　　话： 编辑部（010）68701322　发行部（010）68701816
电子信箱： liuyiling0434@163.com
印　　刷： 北京虎彩文化传播有限公司
经　　销： 新华书店
规　　格： 710 毫米×1000 毫米　16 开本　12.75 印张　160 千字
版　　次： 2022 年 6 月第 1 版　　2022 年 6 月第 1 次印刷
定　　价： 58.00 元

前　言

本书是国家自然科学基金“中国售后市场反垄断研究”(71663020)成果。在课题的研究中，计划是理论研究与实证研究相结合，但是在实际中，实证研究所需要的中国售后市场的微观数据难以获得，因此，本书主要是规范性的理论分析。首先，本书梳理了国内外售后市场反垄断理论研究及实践经验；其次，以汽车产业、空调产业、电梯产业、电影产业进行了案例分析，最后，提出中国售后市场反垄断的政策与实践难点，并构建了中国售后市场反垄断的政策体系。

我的硕士研究生钟家福、赵致远、罗威参与了本书资料收集、部分内容的研究，他们为项目的完成付出了辛勤的劳动。目前他们均已毕业，祝他们工作顺利。

感谢国家自然科学基金委员会对《中国售后市场规制与反垄断研究》一书的资助。愿此书能对学术界开展中国售后市场反垄断具有抛砖引玉的作用。

由于作者水平有限，书中难免出现一些疏漏和不足，恳请读者批评指正。

本书适于对政府规制与反垄断领域有兴趣的监督机构工作人员、科研工作者和具有售后市场特征相关产业的实践工作者阅读。

作　者

2022年4月

目 录

第一章　国外售后市场垄断研究与中国售后市场反垄断难点

第一节　选题背景与缘由

一、研究背景

售后市场主要涉及的是耐用品市场。耐用品市场包括初级产品市场（Original Equipment Market 或 Primary Market）和售后市场（Aftermarket）。初级产品市场指初级产品及其零配件生产与销售，售后市场指与初级产品维修、零配件更换、保养、升级等服务市场，并在初级产品市场之后才存在（Sarpiro，1995；Chen，Ross and Stanbury，1998；Gundlach，2007）。近年来，中国关于破除汽车售后市场垄断呼声越来越高。2014 年 7 月，中国掀起了针对汽车行业售后市场零配件价格、修维、保养垄断的反垄断调查高潮。2014 年 8 月 6 日，国家发改委宣布，奥迪、克莱斯勒以及 12 家日本汽车零配件企业存在垄断行为，并依据《反垄断法》对 4 家宝马经销商给予行政处罚，罚款总金额达 162.67 万元。在反垄断的风暴下，8 月 7 日和 8 日，宝马中国、广汽丰田、广汽本田、东风日产 4 家汽车公司纷纷发表公告，对部分零配件价格进行调整。2015 年 1 月 1 日，交通运输部、国家发改委、教育部、公安部等 10 个部委联合发布了《关于促进汽车维修业转型升级、提升服务质量的指导意见》（简称《意见》），《意见》要求汽车制造商公开汽车维修技术信息，且无歧视、无延迟地向售后授权维修商和独立维修商提供汽车维修技术资料。2015年9月29日交通运输部、环保部、商务部、国家工商总局等八部委联合发布了《汽车维修技术信息公开实施管理办法》（简称《办法》），并于2016年1月1日起实施。《办法》明确规定，汽车生产者应采用网上信息公开方式，公开所销售汽车车型的维修技术信息；汽车生产者应以可用的信息形式、便利的信息途径、合理的信息价格，向所有维修经营者及消费者无差别、无歧视、无延迟地公开所销售汽车车型的维修技术信息；不得通过设置技术壁垒排除、限制竞争，封锁或者垄断汽车维修市场。

二、研究缘由

尽管发端于汽车产业的售后市场（Aftermarket）反垄断政策已在中国破冰，但实际上，中国反垄断机构并没有从理论上完全找到售后市场反垄断的理论依据，也没有从经验上、实践上得出充分的证据证明厂商在售后市场滥用了支配市场地位。理论界有关售后市场反垄断的理论成果极少，没有从理论上证明售后市场垄断是否损害了社会福利。因此，当前中国售后市场反垄断政策的实施存在理论上的“迷雾”和政策上的“两难”境地。

理论上的“迷雾”：如何从理论上识别、证明厂商在售后市场具有市场支配地位且滥用了市场支配地位。中国反垄断法第十八条规定，认定经营者具有市场支配地位，应当依据经营者在相关市场的市场份额及竞争状况；经营者控制销售市场或者原材料采购市场的能力等。但现有的产业经济学关于市场结构（集中度和市场占有率）考虑的通常是单一市场的情况，没有考虑到厂商具有初级产品市场和售后市场的前后两个市场的情况。通常，制造商在初级产品低定价甚至低于成本定价（通过售后市场交叉初级产品市场），进而锁定消费者，而在其售后市场定高价，把前后两个市场的产品和服务作为一个整体产品出售，制造商只是对两个产品价格做出一个最优的价格结构。因此，判断厂商是否具有市场支配地位且滥用了市场支配地位，不能简单地把售后市场和初级产品市场分割来看，而是要从厂商前后两个市场的整体来看。由此，对于具有售后市场的产业，必须创新衡量市场支配地位、滥用市场支配地位及相关市场界定的理论和方法。不解决这一理论问题，中国售后市场反垄断政策就可能对某些产业造成误伤。

反垄断政策“两难”境地：一方面，在当前产品市场竞争激烈的时期，制造业服务化成为制造业发展的全球大趋势，服务化已成为制造企业获得竞争力的重要手段（黄群慧，2015），因此我国政府大力鼓励制造企业向售后服务环节延伸、转型。《中国制造 2025》特别指出，要“加快制造与服务的协同发展，推动商业模式创新和业态创新，促进生产型制造向服务型制造转变”。《中共中央关于制定国民经济和社会发展第十三个五年规划的建议》中也指出，要“推动制造业由生产型向生产服务型转变”。另一方面，售后市场涉及的主要是制造厂商的售后服务领域。如果针对售后市场实施反垄断政策，或售后市场反垄断政策实施不当，在当前产品市场竞争激烈的时期，可能使厂商既不能从初级产品市场获得利润，也不能从售后市场获得利润。这有可能抑制中国制造业服务化转型，损害产业绩效。

鉴于此，开展中国售后市场反垄断政策研究在当前具有重大的现实意义。

三、研究意义

（1）理论上：一是创新现有产业经济学和反垄断法关于市场

结构、集中度和市场支配地位衡量理论与方法，构建关于初级产品市场和售后市场作为一个整体市场的市场结构、集中度和市场支配地位的理论与测量方法。二是创新售后市场的相关市场界定方法，丰富反垄断理论，为售后市场垄断是否损害社会福利，以及是否需要反垄断提供理论依据。

（2）实践上：有利于破解当前中国实施售后市场反垄断行动面临的理论依据、相关市场界定、经验证据、避免误伤等困惑，有利于中国科学合理地实施售后市场反垄断政策。

四、本书的内容

本书针对中国当前售后市场垄断及采取的相关措施，根据国内外售后市场反垄断理论研究及其实践经验，在对汽车产业、空调产业、电梯产业、电影产业进行案例分析的基础上，提出中国售后市场反垄断的政策与实践难点，最后构建了中国售后市场反垄断的政策体系。

第二节　研究述评

尽管中国已开展了汽车售后市场的反垄断，但对售后市场（Aftermarket）垄断成因、效率及其反垄断的理论依据并没有完全厘清，理论成果极少。比如汽车售后市场垄断是否损害社会福利，证据是什么等。实际上从 1989 年加拿大克莱斯勒公司（Chrysler）、1990 年的施乐公司（Xerox）及 1994 年的美国柯达公司（Kodak）售后市场垄断案例开始，售后市场垄断已成为国外的一个热点研究问题，而在中国关于售后市场垄断问题的研究到目前为止极其稀少。因此厘清国外关于售后市场垄断的研究，对于丰富我国反垄断理论研究及合理地实施售后市场反垄断政策有重要的意义。综观国外售后市场垄断研究，主要研究点集中在：售后市场垄断形成原因、售后市场垄断的动因、售后市场垄断定价、售后市场垄断的效率及公共政策。

一、售后市场含义及垄断形成原因

（一）售后市场的含义

耐用品市场包括初级产品市场（Original Equipment Market 或 Primary Market）和售后市场（Aftermarket）。初级产品市场指初级产品及其零配件生产与销售，并附有随后的维修、保养、升级和零配件更换等售后市场。售后市场指与初级产品维修、零配件更换、保养、升级等服务市场，并在初级产品市场之后才存在（Sarpiro，1995；Chen，Ross and Stanbury，1998；Gundlach，2007）。因此，Sarpiro（1995）、Chen，Ross 和 Stanbury（1998）提出售后市场的三个要素：一是初级产品的价值与售后市场的是相关联的；二是初级产品购买与售后服务购买不在一个时点上；三是消费者被锁定并具有转换成本。此外，Gundlach（2007）还提出了网络外部性。由于初级产品市场和售后市场是互补、关联的，二者任意一个环节需求和价格的变化均会影响另一个环节，同时对消费者的福利产生影响。

Gundlach（2007）还认为，耐用品是由初级产品与售后市场二者有机结合在一起的整体组合产品。Gundlach（2007）进一步认为，初级产品和与之相关联的售后产品、服务是两种特殊的产品组合。与一般产品组合不同的是，初级产品与售后产品、服务是互补的，并且出售时间是先后联结的。耐用品其实是一个由初级产品和售后产品构成的组合产品。耐用品的竞争涉及初级产品与售后服务之间的竞争和同类耐用品之间的竞争。当初级产品制造商对其售后市场垄断时，产生了耐用品内部的竞争问题。Gundlach 进一步提出了售后市场具有专有性（Proprietary）的性质，因为售后配件和服务涉及初级产品制造商的品牌和专用技术，比如汽车零配件、打印机墨盒。

（二）售后市场垄断形成原因

针对许多耐用品制造商向售后市场延伸的现象，Vandermerwe 和 Rada（1988）、Brax 和 Jonsson（2009）、Baines 等（2009）认为，售后市场垄断是耐用品制造商售后服务化发展战略，比如初级产品制造商向后拓展其售后服务，或者实现实体产品与售后服务一体化。也就是说，在产品市场竞争日益剧烈的环境下，利用产品市场对消费者进行锁定而寻求售后市场垄断利润是企业发展战略。但他们认为制造商服务化战略是从产品朝售后服务发展的单向关系，而 Finne、Brax 和 Holmström（2013）认为，从产品到售后服务化的单向发展关系的服务战略化的观点过于简单，制造商可以根据内外发展环境，在产品与售后服务之间来回扩张或收缩，特别是存在对售后服务规制的情况下，会收缩售后服务并向产品生产方向发展。

的确，在当前产品市场竞争激烈的情况下，售后服务化战略成为许多制造商重要的盈利模式。那么售后市场垄断的条件或原因有以下五点。

一是转换成本。当消费者购买某一种初级产品后，由于初级产品的零配件具有专用性、互补性或排他性专利。消费者在售后市场必须从原厂获得正品配件。同时初级产品制造商会基于利润最大化，拒绝向其他独立的售后服务商出售其专用性、排他性的零配件或维修、保养技术。这样消费者购买了某个初级产品，就存在较高的转换成本（Klein，1996；Chen，Ross and Stanbury，1998；Coppi，2007）。

二是消费者锁定。许多学者都认为，消费者锁定是售后市场垄断的重要原因（Sarpiro，1995；Chen et al.，1998；Borenstein et al.，2000；Coppi，2007；Farrell and Klemperer，2007；Carlton and Waldman，2009）。因为，耐用品是由初级产品与售后服务组成的有机的整体产品，消费者一旦购买初级产品，就必须要有相应的售后服务，否则就会缩短产品生命周期。但是由于存在较高的转换成本，消费者就被锁定了。

三是售后市场广阔。Coppi（2007）认为，如果与初级产品相关售后市场广阔，那么售后市场垄断就可以获得较高的垄断利润。

应该说，转换成本、消费者锁定和售后市场广阔是售后市场垄断的基本前提。如果不存在转换成本和消费者锁定，售后市场如同可竞争性市场，售后市场垄断就不可能形成。比如自行车售后市场，自行车零配件具有高度的通用性，制造技术低，维修技术也很低，消费者不存在转换成本和被锁定，售后市场不可能垄断。此外，如果售后市场无利可图，企业就不会有动机垄断售后市场。

Chen 和 Ross（1993）、Sarpiro（1995）、Chen，Ross 和 Stanbury（1998）、Coppi（2007），Carlton 和 Waldman（2009）等许多学者根据加拿大、美国售后反垄断案例，总结了支持售后反垄断政策的有关执法机构及其支持者关于售后市场垄断形成的原因和实施反垄断的两个依据：消费者失算、信息成本高。

四是消费者失算（Customer Surprise）。所谓消费者失算就是消费者一旦购买初级产品，就会因产生转换成本而被锁定，制造商可以在售后市场收取较高的价格，而这是消费者在初级产品市场阶段没有预期到的。然而消费者失算理论受到诸多质疑。Sarpiro（1995）认为，如果先期的消费者受到售后市场垄断而产生损失，后期的消费者将不会购买其产品。再则，由于声誉效应的作用，消费者由于被锁定而在售后市场被收取垄断高价，那么消费者将不再重复购买其初级产品，潜在消费者也会减少，除非初级产品制造商提供一个相当低的初级产品价格。这就是声誉效应。声誉效应将降低初级产品制造商利用消费者锁定而垄断售后市场的动机。

五是信息成本高。由于消费者购买初级产品和售后服务不是在同一时点上。消费者在购买初级产品时，难以获取后期售后市场上的价格或获取信息的成本极高，导致消费者在购买初级产品时难以考虑整个产品周期内的成本。这样初级产品制造商就可以利用消费者锁定，拒绝向独立售后服务商交易，形成垄断。然而 Sarpiro（1995）认为，当初级产品价格较高、消费者经验丰富或信息成本不高（消费者可向第三方咨询机构获得信息、有经验消费者传播、重复购买）的情况下，基于信息成本高的售后市场垄断的依据是不充分的。

此外，Borenstein 等（1995）提出了缺乏承诺也是售后垄断的原因及实施反垄断的重要依据。

售后市场承诺缺乏的思想是：在消费者购买初级产品阶段，初级产品制造商难以向消费者提供可信、完备的后期售后市场价格的合同。由于消费者存在转换成本而被锁定，初级产品制造商会在其售后市场收取一个高于竞争性的价格。然而 Sarpiro（1995）认为，缺乏承诺对售后市场反垄断的依据并不强。他建立了一个售后市场合同不完备情况下的分析模型。在模型中，初级产品市场是竞争的，售后市场是垄断的。通过分析，Sarpiro 认为在这种情况下消费者的损失比起传统的垄断市场中要小得多。因为初级产品市场的竞争会大大弱化消费者的损失，因此 Sarpiro 认为缺乏承诺并不会造成消费者的损失，引入反垄断政策并没有必要。

（三）售后市场垄断的动因

对于售后市场垄断的动因目前文献涉及不多。主要的解释有以下三点。

一是利润动因。Oliva 和 Kallenberg（2003）、Auramo 和

Ala-Risku（2005）认为，售后市场的利润比初级产品市场的利润更高且更稳定。售后市场比初级产品市场所需要投资更少。对于挖掘新的消费者，售后市场比初级产品市场更经济（Wise and Baumgartner，1999；Cohen et al.，2006），因此 Baines 等（2009）认为，售后市场垄断是企业寻求高收益的商业行为。

二是质量与声誉动因。Schwartz 和 Werden（1996）、Ardiyok（2010）认为，售后市场垄断的目的是企业为了有效地控制质量，从而塑造良好的品牌声誉。在 1987 年的 Mozart 案件中，梅赛德斯—奔驰（Mercedes-Benz）不允许其配件在北美梅赛德斯—奔驰（Mercedes-Benz of North America）销售。梅赛德斯声称售后市场垄断是控制质量和保持公司良好声誉的关键环节。在梅赛德斯，产品通过授权的销售网络进行销售。法院认为，从其他渠道销售难以保证每个配件都符合梅赛德斯的标准。在北美，80％的配件是由梅赛德斯德国总部供货，其他 20％也是在德国通过 OEMs 形式生产。通过售后配件的控制，梅赛德斯公司的配件得到严格的质量保证。此外，初级产品制造商也会基于质量和品牌声誉而拒绝向独立服务商出售配件，因此售后市场的质量完全在初级产品制造商的监控之中。

三是战略动因。Vandermerwe 和 Rada（1988）认为，产品市场上的竞争压力使制造商通过在售后市场服务与消费者建立良好的客户关系，以保持市场地位。Gremyr 等（2010）提出，竞争压力促使企业寻求新的途径，即售后市场获得利润。组织战略调整以适应产业结构（Raddats and Burton，2011）。售后市场服务是初级产品制造商基于其发展战略和经营管理而做出的决策。

（四）售后市场垄断的定价

1989 年，在加拿大克莱斯勒公司（Chrysler）、1990 年的施乐公司（Xerox）及 1994 年美国的柯达公司（Kodak）等许多售后市场反垄断案中，执法机构认为，初级产品制造商在售后市场定高价是由于消费者被锁定，并且初级产品制造商在拒绝与第三方独立售后服务商交易，以此获得售后市场垄断，收取垄断高价。垄断定价是执法机构进行反垄断的主要依据。

此外，学术界对售后市场定价的观点有以下两种。

（1）歧视性定价。Klein（1996）认为，售后市场高价并不是消费者信息不完全，也不是初级产品制造商敲竹杠，而是初级产品制造商实施价格歧视的一种手段。初级产品制造商在售后市场向消费者出售差异性产品，以度量消费者对售后服务的需求程度，然后实施歧视性定价，其认为这种价格歧视对消费者剩余的影响并不明显。Chen、Ross 和 Stanbury（1998）进一步认为，初级产品制造商拒绝向第三方独立售后服务商出售其专有性配件，并利用其垄断性的配件对需求愿望不同、效用不用的消费者实施价格歧视。他们认为这种价格歧视能明显提高消费者剩余。

许多学者还认为，售后市场的价格歧视可用来衡量初级产品市场的竞争程度和需求情况。Qi（1971）首次建立了一个测量模型，后来 Schmalensee（1981）也建立了类似的模型，但在他的模型中，初级产品市场和售后市场都是垄断的。但 Borenstein 等（2000）认为，在不完全竞争市场中，售后市场不能用来衡量消费者剩余，因为售后市场的需求与消费者剩余不相关。然而 Emch（2003）从价格歧视角度出发，认为售后市场定价可用来衡量消费者对初级产品的使用率。如果不同的消费者对售后市场服务需求不同，相对于对售后市场服务需求低的消费者，对售后市场服务需求高的消费者意味着其从初级产品中获得的效用也高。那么，提高售后市场服务价格是从初级产品中获得效用高的消费者剩余的一种手段。Emch 进一步认为，增加售后市场服务选择的多样性，如果初级产品市场竞争加剧，售后市场定价能力减弱；同时售后市场服务选择的多样性使得售后市场失去了衡量初级产品使用率的作用。

（2）组合性定价。在1994年的柯达售后市场反垄断案中，美国最高法院认为由于消费者被锁定，制造商在售后市场收取了高价。但Klein（1996）认为，初级产品制造商对消费者收取的是初级产品与售后服务组合在一起的组合性价格。

针对法院提出的基于消费者不完全信息的售后垄断，Klein认为，制造商并没有利用消费者信息不完全的劣势进行独占性组合定价。Klein分析了以下两种情况。

第一种情况：当消费者对售后市场具有完全信息时，消费者不会因为锁定而遭受敲竹杠。因为消费者在购买初级产品时就已知道一旦购买就会被锁定，也知道锁定后售后市场的价格情况，那么消费者就会试图通过合同来控制未来售后市场的价格，如同通过谈判形成了一个长期售后市场价格，或获得售后服务的保证。如果合同不可能，消费者将会降低对初级产品的支付价格意愿，以弥补一旦锁定在售后市场而遭受高价的损失。因此初级产品市场和售后市场形成了一个竞争性的组合定价。那么保证售后市场价格的合同是否能形成呢？因为售后市场交易的不确定性（比如消费者维修、保养、更换配件等时间及各个时间点上价格是不确定的），制造商难以提供一个保证未来售后市场低价格的完备合同。在此情况下，消费者的选择是降低前期初级产品市场的价格，以弥补后期售后市场高价格的损失。因此，售后市场的高价不能理解为初级产品制造商对消费者敲竹杠。

第二种情况：当初级产品制造商对售后市场具有完全信息，但消费者对售后市场信息不完全时，且初级产品市场是竞争性，消费者同样不会遭受敲竹杠。因为消费者对售后市场具有信息不完全，他们在购买初级产品时就不会考虑售后市场的价格，消费者就被锁定了。初级产品制造商就会利用消费者锁定来提高售后市场价格，直到最后等于消费者转换成本。最后，初级产品制造商就会相互在初级产品市场上竞争，导致初级产品价格下降，下降幅度等于其售后市场的涨幅。总之，Klein 认为，售后市场的高价只是初级产品制造商利润最大的一种价格组合，而不是敲竹杠。

二、售后市场垄断的效率与政策取向

售后市场垄断的效率问题是售后市场垄断研究最核心的问题，也是售后垄断市场是否要实施反垄断政策的根本依据。目前国际上已形成了以下两个学派典型的观点：

一是芝加哥学派的观点。在售后市场方面研究的学者有 Schwartz、Werden、Chen、Ross、Carlton、Waldman、Klein 等。他们认为，售后市场垄断不会损害效率。

二是后芝加哥学派（Post Chicago school）的观点。在售后市场方面研究的学者有 Borenstein、MacKie-Mason、Netz、Voortman、Farrell 及 Kemperer 等。与芝加哥学派相反，他们认为售后市场垄断会损害效率。

（一）售后市场垄断有利于效率

芝加哥学派主要从用户锁定、初级产品市场竞争、消费者理性和质量信号角度进行了分析。

（1）芝加哥学派从声誉效应的角度认为售后市场垄断不会损害效率。锁定效应是售后市场垄断的前提。在锁定效应下，初级产品制造商有动机垄断其售后市场。但芝加哥学派认为，售后市场垄断的声誉效应（用户了解锁定并可能承受售后市场高价格，从而减少初级产品的需求）大于锁定效应，从而不会损害竞争和社会福利（Shapiro，1995）。

（2）芝加哥学派从初级产品市场竞争角度认为售后市场垄断

不会损害效率。芝加哥学派认为，即使存在锁定效应，初级产品生产商也不会利用其基础用户获取高额利润。因为消费者在购买初级产品时，会从总体上考虑产品整个生命周期的成本。即便不是如此，由于初级产品市场是竞争性的，制造商在初级产品市场激烈的竞争有利于保护消费者的利益。因为初级产品市场竞争导致了较低的竞争性价格，可降低产品生命周期成本，售后市场的高价格实际是对初级产品市场竞争性价格的补贴。正如 Shapiro 和 Teece（1994）提出，即使消费者很难计算产品生命周期成本，初级产品市场上的竞争仍可以保护他们的利益。Klein（1996）也认为，即使消费者不了解后期售后市场的价格，但他们在初级产品市场支付了一个较低的竞争性价格。也就是说，初级产品制造商在初级产品市场降低价格从而锁定消费者，是为了获得售后市场的垄断租金。总体上，消费者和制造商都互相得到弥补。

（3）芝加哥学派还认为，消费者是理性和具有远见的（Far-sighted），售后市场垄断不会损害消费者利益。Shapiro 和 Teece（1994）认为，消费者会通过一些途径获取产品的信息，或重复购买获得的产品相关知识，或通过导购，对产品生命周期的成本（购买成本和售后维护、保养等成本）事先评估。

（4）芝加哥学派认为，售后市场垄断是初级产品市场质量的信号，并有利于提高效率。他们认为，如果反垄断机构对售后市场进行干预，将会导致无效率和消费者剩余损失。因为初级产品制造商可用售后市场垄断的利润来提高初级产品的质量；反之，如果没有售后市场的垄断，制造商将会提高初级产品市场的价格以弥补质量改进的成本，或者其根本就没有动力提升质量。结果，初级产品市场需求将萎缩，或者消费者只能购买质量低的初级产品。这意味着售后市场的垄断价格是有效率的。因此，Schwartz 和 Werden（1996）认为，售后市场垄断是初级产品质量的信号。假定消费者在购买之前不了解初级产品的质量信息，消费者只好买较便宜的产品。由此，初级产品生产商就不会有提供高质量产品的动机，因此高质量产品也意味着高成本和高价格。然而一旦高质量制造商对售后市场进行垄断，且高质量的初级产品也会带来高需求的售后服务。初级产品制造商就有在初级产品市场提供高质量产品的动机和售后市场制定高价格的动机。因此，消费者就会认为高价格的售后服务代表了高质量初级产品。Elzinga 和 Mills（2001）也认为，售后市场垄断是初级产品高质量的信号，因此售后市场垄断能促进社会福利。

（5）芝加哥学派认为售后市场垄断比竞争更有效率。Chen 和 Ross（1993）建立了一个针对不同消费者的售后市场价格歧视模型，他们认为售后市场价格歧视对消费者剩余是有利的，进而提出售后市场垄断是有利的。

Chen 和 Ross（1998）又从放开售后市场角度进行了分析，认为引入第三方售后独立服务商是无效率的，会降低社会福利。他们建立一个承诺问题模型。在模型中，不存在声誉效应（如果初级产品制造商在售后市场垄断，将会减少初级产品的需求），消费者在购买初级产品时，制造商不提供售后市场服务价格的承诺。他们认为，即使缺乏承诺，消费者在售后市场服务的需求都不会受影响。也就是说，无论制造商在售后市场制定何种价格，消费者在售后市场服务需求是无弹性的，不会造成福利损失。但如果在售后市场实施反垄断政策，将降低社会福利。因为反垄断政策会促使初级产品制造商向售后独立服务商开放，明显初级产品制造商会向售后独立服务商收取一个高于边际成本的价格，独立服务商为了获得利润，产生机会主义行为，并不向初级产品制造商购买原厂专用正品，而用其他价格较低的替代品。另外，假定维修部件是不可或缺的，初级产品制造商也可以对独立服务商收取一个较高零配件价格，那么就会产生初级产品市场高价格

(因为放开售后市场竞争，初级产品制造商在竞争性的售后市场不能取得较高的利润，那么它就要提高初级产品的价格以弥补放开售后市场带来的损失）和售后市场高价格现象（初级产品制造商收取了一个高于边际成本的价格，独立服务商也要基于利润最大化进行二次加成定价)，这更降低了社会福利。

Carlton 和 Waldman（2009）的研究进一步支持了 Chen 和 Ross 的观点，并进一步丰富了售后市场的研究。他们的核心观点是：竞争性售后市场是无效率的，而垄断性售后市场是有效率的。他们认为，如果售后市场是竞争性的，初级产品市场是垄断性的，消费者对初级产品的需求将减少，而对售后市场需求将过多。售后市场垄断可以有效调节原始设备市场与售后市场的平衡。Carlton 和 Waldman 根据售后市场服务的不同分别建立了三个模型来分析售后市场垄断的效率。第一个模型为初级产品市场竞争和售后市场维修服务垄断模型；第二个模型为初级产品市场竞争和售后升级服务（Upgrade）垄断模型；第三个模型为初级产品市场竞争和售后回收市场垄断模型。第一个模型表明，售后市场竞争性并不会促进经济效率。表面看售后市场垄断会损害竞争，但可以提高整个产业的效率。售后市场是竞争性，处于边际成本定价之中，如果初级产品在边际成本之上定价，那么消费者就会在售后市场过度维修。但如果制造商对售后市场垄断，就可以减少不必要的过度的无效率的维修。售后市场垄断可以合理调节和平衡初级产品市场与售后市场的需求，从而提高社会福利。第二个模型表明，售后升级服务垄断可以消除不必要的无效率的频繁的升级。第三个模型表明，售后回收市场垄断有利于促进社会福利。因为初级产品制造商以较高的价格在售后回收报废产品，并以比竞争对手更强的范围经济优势重新制造，因此可提高社会福利。最后他们通过三个模型论证了售后市场垄断可以减少非效率并提高社会福利。

Hodaka 和 Waldman（2010）也对售后市场垄断具有效率持肯定的观点。他们建立了一个关于耐用品无限竞争模型。模型假定每一期都有新的消费者进入，并假定在每一期耐用品生产商可选择对其产品的售后市场进行垄断，并成为唯一售后服务商。消费者对产品具有转换成本，且由于转换成本，耐用品生产商在第一期出售后，在后一期具有垄断力量。他们研究表明：第一种情况，如果初级产品市场是竞争性的，售后市场垄断可避免无效率的售后消费。因为如果售后市场是竞争性的，无效的售后维修太频繁。第二种情况，如果初级产品市场和售后市场均是竞争性的，则社会福利和消费者剩余均受损失。因为企业为实现售后市场最佳决策，对售后市场的价格应等于边际成本。这将导致初级产品市场的需求不足，少于社会最优水平，最终导致社会福利减少，而售后市场垄断是避免社会福利损失的方式。由于售后市场垄断，企业能获得所有剩余，且消费者也有了正确的售后行为。

（二）售后市场垄断损害效率

后芝加哥学派认为售后市场垄断可能是有害的。他们的核心观点是初级产品制造商会利用其基础用户规模获得高额利润，即使是初级产品市场是竞争性的，消费者也完全了解后期售后市场的价格和产品生命周期成本。

1. 后芝加哥学派反驳了芝加哥学派关于声誉效应的观点

后芝加哥学派认为，初级产品制造商会基于锁定效应提高售后市场的价格，因而初级产品制造商因锁定效应而在售后市场获得的垄断利润，会大大超过因声誉效应而在初级产品市场减少的损失。即便消费者考虑到整个生命周期的成本，售后市场的高价格也会导致竞争性的初级产品市场的损失，但由于消费者被锁定了，提高售后市场的价格仍可以获得超额利润。Voortman

（1993）和 Borenstein 等（2000）进一步认为，制造商是有限承诺的。在消费者购买初级产品的阶段，制造商与消费者之间的合同是不完备的。在初级产品购买阶段，制造商不能为消费者承诺一个售后市场合理的价格。当消费者一旦被锁定，制造商就会有机会主义行为在其售后市场收取一个超额利润价格，即使这个价格会导致初级产品市场销售量的减少，但其减少带来的损失远远少于售后市场带来的利润。

2. 与芝加哥学派认为消费者是具有远见的观点相反

后芝加哥学派认为，消费者通常是短视的（Myopic），只关注近期的初级产品的价格，而对后期的售后市场服务价格不太关注，因此消费者对整个产品生命周期成本缺乏足够的估计。Gately（1980）、Hausman 和 Joskow（1982）等实验经济学表明，当消费者面临复杂选择时，消费者对当期价格较敏感，而很少考虑后期价格，或很少考虑生命周期成本。即便消费者考虑到整个生命周期的成本，售后市场服务的高价格会导致竞争性的初级产品市场的损失，但由于消费者锁定了，提高售后市场的价格仍可以获得超额利润。即使消费者是具有远见的，制造商也是产生逆向选择行为，从而使消费者剩余受损。Gabaix 和 Laibson（2006）认为，如果消费者是具有远见的（Farsighted），制造商隐瞒售后市场服务的价格是无利可图的。因为消费者会推断出，制造商故意隐瞒售后市场服务价格，那么售后市场服务价格就一定很高，从而消费者就不会在初级产品市场上购买。然而消费者是短视的，制造商就会产生逆向选择行为，不公布甚至隐瞒售后市场服务价格，使消费者难以准确衡量产品的生命周期成本，导致市场无效率。

3. 与芝加哥学派售后市场垄断不会损害效率观点相反

后芝加哥学派提出，即使是初级产品市场是竞争性的，且消费者也完全了解后期售后市场的价格和产品生命周期成本，初级产品制造商在其售后市场获得的垄断利润会大大超过其在初级产品市场因声誉效应减少的损失。Borenstein 等（1995）认为，不管初级产品市场是竞争性还是垄断性，售后市场服务价格都会超过边际成本，并导致福利损失。Borenstein 等（2000）也认为，售后市场垄断定价会随着初级产品市场消费者规模增长而提高，并降低社会福利。Farrell 和 Kemperer（2007）还认为，初级产品市场上的低价并不能弥补售后市场的高价，也不能弥补消费者在售后市场所受的损失。因此，售后市场垄断对消费者是有害的。

三、售后市场的反垄断政策

美国最高法院认为，初级产品市场的竞争性并不能消除售后市场可能存在的垄断力量。在美国，售后市场拒绝交易被指违反《谢尔曼法》第二条，或被认为违反第一条捆绑销售。在美国有20 多起类似案例，其中最著名的是柯达公司拒绝向售后独立服务商出售相片影印机和缩微设备。在加拿大，售后市场拒绝交易被指违反了《竞争法》第 75 条。比如克莱斯勒公司拒绝向其他汽车售后服务商销售零配件，施乐公司拒绝向其他公司提供影印机零件以从事施乐影印机维修和整修服务。英国等西欧国家也有许多售后市场拒绝交易的案例。

尽管执法机构对上述几个案例做出了违反相关《反垄断法》的裁决，但围绕着售后市场垄断是否损害效率，从而是否要进行反垄断一直争论不休。

芝加哥学派认为，售后市场垄断是能够促进竞争的。因为制造商在售后垄断，就会有足够的利润返回并用于初级产品的质量改进，反之，如果制造商没有售后市场垄断，制造商要么提高初级产品的价格，要么放弃初级产品质量的改进。结果消费者将得不到高质量的初级产品，或者初级产品市场需求将萎缩。也就是说，售后市场垄断并产生的定价是有效率的。芝加哥学派认为，没有实证表明售后市场垄断的反竞争效应，因此就难以判断售后市场垄断对消费者福利造成何种影响，或者，售后市场垄断可能存在反竞争效应，但非常小，法律不能过度干预。芝加哥学派还认为，售后市场垄断并不是一个重要的问题，它可以通过市场合约来解决，而不是采用政府反垄断干预。然而后芝加哥学派认为，期望通过市场合约自动解决售后市场垄断问题是不可能的，应该具体案例具体分析，并引入《反垄断法》。

四、简评

在当前产品市场竞争日益激烈的情况下，利用排他性技术、专利和知识产权进行售后服务垄断战略已成为许多制造商（主要是耐用品）重要的经营模式。因此在售后服务化战略的趋势下，可见预见，售后市场垄断将成为未来中国反垄断研究的一个重要领域。

目前，国外关于售后市场垄断的研究取得较为丰富的成果，但在以下几方面仍有较大的研究空间：①关于产业经济特性与售后市场垄断关系的研究。比如同是耐用品，家具、自行车等为什么不存在售后市场垄断？尽管目前的文献关注了零配件专用性、知识产权等特性，但未能全面反映产业的经济特性。实际上，售后市场进入壁垒（包括零配件的专用性、知识产权、进入资本量、进入后拥有的前期市场的消费者基础规模、品牌等）能较好地反映产业的经济特性。不同产业的售后市场垄断情况和产业的售后市场进入壁垒（即产业的经济特性）有着密切的关系。②在同一产业中，比如汽车产业，如果所有或绝大多数汽车制造企业都存在售后市场垄断，那么在汽车市场上拥有不同市场势力的各个汽车制造企业对其售后市场垄断程度及其定价能力如何，也就是说，在同一产业中，在初级产品市场中不同市场势力的企业其售后市场垄断有差异吗？反过来，初级产品制造商不同的售后市场垄断情况对各初级产品制造商在初级产品市场上的市场势力会有何影响？③关于售后市场垄断的效率的实证研究。目前关于售后市场效率的研究主要是理论研究，缺乏实证研究，因而提出的公共政策也就难以被公众接受。

第二章　中国汽车产业售后市场垄断的福利效应及反垄断政策

第一节　汽车产业纵向产业链

随着生产的社会化、专业化的发展，以及科学技术的突飞猛进，产业链的范围和深度在不断地扩展，汽车产业链也是如此。2020年中国汽车产业实现工业总产值3.1万亿元，占到全国工业总产值的9.9%。

中国汽车工业的蓬勃发展显著拉动了上下游关联产业的发展，汽车产业链与相关产业有着很大的关联度和很强的带动力。国家信息中心分析认为，汽车产业（包括零配件企业）和相关产业的就业比例关系是1∶7。其中，汽车工业产值与相关产业的直接关联度为1∶2，间接关联度是1∶5，[①] 即汽车产业每增加1个就业岗位，就会带动相关产业增加7个就业岗位。从汽车工业链来看，涉及诸多行业，往往带动100多个行业的发展。鉴于汽车对上游钢铁、石化、橡胶、玻璃、电子和下游金融、保险、维修等产业的拉动作用，汽车产业在中国国民经济中的地位十分重要。

随着汽车工业规模的不断扩大，以及汽车产品技术的不断发

---

① 德勤中国. 数启未来，后市场产业变革：2020中国汽车后市场白皮书［EB/OL］. 搜狐网.

展和汽车工业链条不断完善，汽车工业对上下游关联产业的拉动效应会更加显著。

从广义来说，汽车产业链包括机械、钢铁、电子、橡胶等与汽车生产和消费相关的行业。随着汽车产业的较快增长，汽车相关产业已成为中国最具增长潜力的产业群（见图 2-1）。

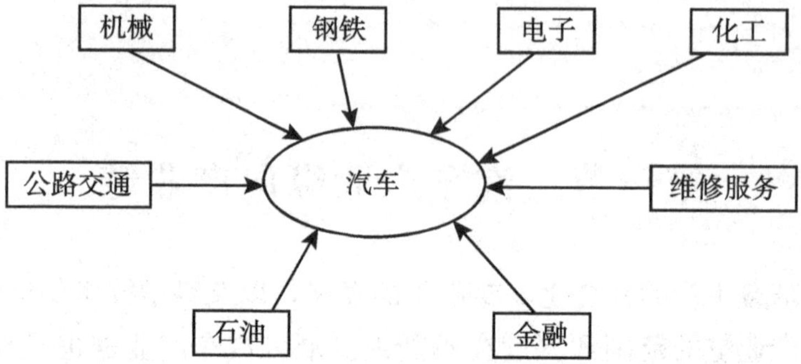

图 2-1　汽车相关产业

从汽车产业本身来看，汽车产业链从上游到下游，包括设备制造、研究开发、汽车零配件、汽车整车组装、汽车金融、汽车销售、维修和售后服务等，本节主要从纵向产业链的角度来探讨汽车的相关产业（见图 2-2）。

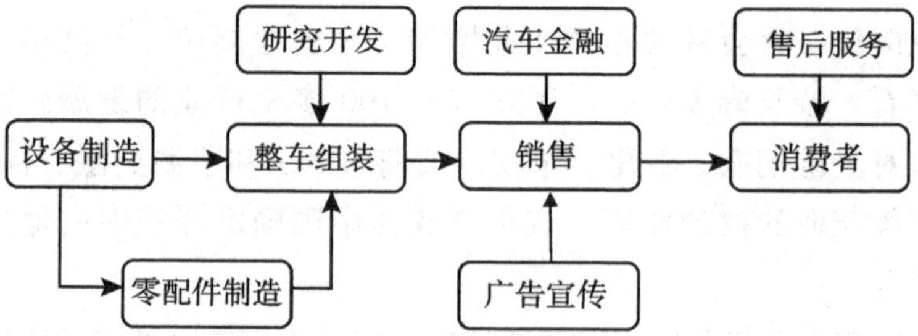

图 2-2　汽车产业链

一、汽车整车生产

汽车整车公司在汽车产业中占据核心的地位，汽车产业的大公司主要是汽车整车公司，但是随着产业竞争和技术的发展，汽车整车组装在汽车公司中的重要性和附加值不断减少。现在的汽车整车公司多是包括研究开发、整车组装、汽车销售、汽车金融等业务的综合性集团，例如日本丰田集团、中国吉利汽车集团等。

汽车产业链条上各环节的附加值（盈利能力）有较大的差异。汽车产业链上的附加值也符合"微笑曲线"的特征，附加值高的环节是两端的研究开发和售后服务环节。因此，在当前汽车零配件生产、整车制造竞争激烈、利润率低的情况下，中国许多汽车制造商把利润增长点转向汽车售后市场。

二、汽车零配件

当前，受到世界汽车市场激烈竞争和削减成本战略的影响，汽车零配件企业与整车企业之间的传统关系发生了变化，即汽车市场的激烈竞争打破了整车企业与零配件企业之间垂直一体化的生产组织形式，整车企业不再拥有大规模的零配件企业，促使零配件厂商能够以较低的成本和较大的灵活性组织生产，其灵活性主要体现在规模、质量、即时性、技术能力等方面。

日本丰田汽车公司早在20世纪50年代，就将电器、散热器、空调器等生产部门分离出来，成立了日本电装公司（DENSO）。该公司集中开发高新产品，特别是在电子技术方面取得了重大进展，目前有十多种产品市场占有率在全球位居第一。

美国通用汽车公司从1994年开始将其零配件部门分离出来，成立了通用集团公司旗下的子公司——德尔福零配件公司（Delphi），并于 1999 年 5 月 28 日，德尔福正式与通用汽车公司分离，成为一家完全独立的、公开在纽约证券交易所上市的公司。德尔福零配件公司成立以后对企业结构和产品结构进行了大调整，推行全球发展战略，向全世界各汽车整车厂商提供汽车零配件及系统，目前该公司成为世界上首屈一指的汽车零配件公司。

美国福特汽车公司于 1997 年将其零配件生产部门分离出来，更名为伟世通公司（Visteon），主要生产发动机控制系统等。分离后，伟世通公司运作更加灵便，进一步提高了生产效率，销售收入不断提高，已经入围美国财富 500 强公司。

与此同时，整车企业与零配件企业的分工模式不断趋于专业化。前者致力于整车开发、装配技术、关键零配件（如发动机、变速箱）的开发与生产，并将以往内部的大量生产和研发活动委托给零配件厂商；后者则在专业化生产的基础上，实现了规模化生产，满足全球同类企业的需要。

2018 年和 2020 年全球汽车零配件供应商排名前三的分别是德国博世、日本电装和加拿大麦格纳国际公司。

表 2-1　2017 年和 2020 年全球零配件供应商营业收入前十大企业

单位：亿美元

排名	2017 年		2020 年	
	公司名称（国别）	营业收入	公司名称（国别）	营业收入
1	罗伯特·博世（德国）	475.00	罗伯特·博世（德国）	465.50
2	电装（日本）	407.82	电装（日本）	418.00
3	麦格纳国际（加拿大）	389.46	麦格纳国际（加拿大）	394.00
4	大陆集团（德国）	359.10	大陆集团（德国）	353.00
5	采埃孚（德国）	344.61	采埃孚（德国）	342.00

续表

排名	2017 年		2020 年	
	公司名称（国别）	营业收入	公司名称（国别）	营业收入
6	爱信精机（日本）	338.37	爱信精机（日本）	334.00
7	现代摩比斯（韩国）	249.84	现代摩比斯（韩国）	261.50
8	李尔（美国）	204.67	佛吉亚（法国）	199.00
9	法雷奥（法国）	193.60	李尔（美国）	198.00
10	佛吉亚（法国）	191.70	法雷奥（法国）	180.50

数据来源：搜狐网，2018 年 6 月 28 日；全国能源信息平台，2020 年 6 月 30 日。

三、汽车销售

从计划经济时代的“统配”销售，到过渡时期的物资贸易公司的“代理”销售，再到现在的“4S 专卖店”销售，在每一步的转变中，均体现汽车制造商、汽车贸易商与客户三者之间的博弈。在目前的中国汽车市场上，汽车销售主要有以下几种模式。

（一）汽车专卖店

汽车专卖店销售模式：通常是汽车制造商与汽车经销商签订合同，授权汽车经销商在一定区域内从事指定品牌汽车的营销活动。汽车制造商通常会对汽车经销商的销售方式、宣传方式、服务标准、销售流程、专卖店的 CI（Corporate Identity System）做出要求。通常在同一专卖店中销售同一品牌的产品。汽车专卖店的功能通常包括新车销售（Sale）、二手车回收/销售（Second-hand）、维修服务（Service）、配件供应（Spare part）及调查用户（Survey）。根据汽车专卖店功能的组合，可以将汽车专卖店分成 2S 专卖店、3S 专卖店、4S 专卖店和 5S 专卖店。

2S专卖店的功能是新车销售和维修服务，例如南京菲亚特在中国不发达的中等城市和县级市建立的专卖店；3S专卖店比2S专卖店增加了配件销售，例如丰田3S店—成都安利捷汽车技术有限公司；4S专卖店比3S专卖店增加了信息反馈，广州本田是最早在中国布置4S专卖店销售网络的汽车制造商，目前大部分的国外汽车制造商在中国都按照4S店的要求建设其销售网络；5S专卖店比4S专卖店增加了二手车回收/销售，现在其他一些国外汽车制造商也开始在其现有的4S专卖店里增加这项服务。

（二）汽车交易市场

汽车交易市场是将许多3S、4S汽车专卖店或代理销售商集中在一起，提供多种品牌汽车的销售和服务，同时还提供汽车销售的其他延伸服务，如贷款、保险、上牌等。通常有一家类似于房地产公司的实体公司来运作汽车交易市场，形成自己的品牌，并由该公司组织相关资源来提供延伸服务。

集中展示多品牌的各种车型，方便消费者选择、比较和购买，并可以提供一条龙服务，但市场参与者鱼龙混杂，销售服务质量难以保证。

（三）多品牌汽车超市模式

汽车超市可以代理多种品牌的汽车，提供这些代理品牌汽车的销售和服务。汽车超市通常是由一些有实力的、手上掌握了多个汽车品牌销售代理权的经销商运作的，或者汽车超市是从其他4S店进货的。销售模式还可以表述为：多品牌厂商、特许经销商、多品牌汽车超市及最终用户。它是最近几年发展起来的新销售模式，由有实力的多品牌经销商把所经销的品牌集中展示，既可满足消费者货比三家的消费习惯，又能够提供规范、标准和舒适的服务，售后服务也有保障。

从1998年从欧洲引进特许经营的专卖店模式以来，中国的汽车销售逐步开始以4S专卖店为主的较为单一的销售模式。自2005年4月起实施的《汽车品牌销售管理实施办法》以来，汽车整车制造商对汽车销售环节的控制力越来越大，该实施办法明确指出了经销商只能在品牌汽车授权下从事新车销售、售后服务和配件供应，限制了多品牌经销商的发展和经销商之间的交叉供应，确立了排他性的较为单一的品牌授权专营体制。至今，中国汽车的销售模式基本是以4S专卖店为主体，但是在不断与国际接轨的过程中，中国汽车市场的营销模式未来将出现新的发展。

（四）售后市场

汽车行业是典型涉及售后市场的行业。在汽车行业中，新车销售被称为售前市场或初级市场，汽车售后市场是指汽车销售以后，围绕汽车使用过程中的各种服务，它涵盖了消费者买车后所需要的一切服务。也就是说，从售出到报废，围绕汽车售后使用环节中各种后继需要和服务而产生的一系列交易活动的总称。汽车售后市场大体上可分为八大行业：汽保行业；汽车金融行业；汽车IT行业；汽车精品、用品、美容、快修及改装行业（又称汽车养护行业）；汽车维修及配件行业；汽车文化及汽车运动行业；二手车及汽车租赁行业；后市场联盟平台整合。

在汽车市场成熟的国家中，售后市场产生的利润与整车销售环节产生的利润，比例大约是7∶3。也就是说，在整个汽车产业链上，售后市场产生的利润是前市场的2倍以上。从销售利润看，在国外成熟的汽车市场中，整车的销售利润约占整个汽车行业利润的20%，而50%～60%的利润是在服务领域中产生的。以美国为例，美国汽车售后服务年产值高达1400亿美元，汽车维修业的利润率达到27%。

2018年，中国民用汽车保有量达2.3亿辆，汽车售后市场前景相当广阔。《汽车行业中长期发展规划》指出，到2025年，汽车后市场服务业在价值链的比例达到55%以上。2016—2019年，中国汽车售后维修市场规模逐年增长。2016年，中国汽车售后市场规模为4490亿元，到2019年增长到6770亿元（见表2-2）。在中国，售后市场主要为各个品牌汽车的4S店占领，2019年4S店占整个售后市场的73%。但是，由于新能源汽车装配简单，其零配件生产所要求的技术比燃油车低，因此未来随着新能源车在汽车市场中占比的提高，售后市场规模增速将放缓。

表2-2　2016—2019年中国汽车产业售后市场需求

单位：亿元

年份	2016年	2017年	2018年	2019年
市场需求	4490	5260	6040	6770

数据来源：前瞻产业研究院。

第二节　汽车产业纵向市场结构

一、汽车整车行业的市场结构

（一）全球范围内汽车整车行业的市场结构

汽车工业已有近150年的历史，汽车市场较之当初也已发生了多次革命性变化。工业主导者由欧洲转移到美国，再由美国变换成现在美国、日本及欧洲范围内的三足鼎立。主要跨国汽车企业在全球范围内积极抢夺市场，其企业行为引发了汽车市场结构的多次重大变化。

1. 企业数量少规模大

汽车企业发展到今天，对规模经济效益的追求以便对资源进行更为有效的整合，使得其在数量和规模上都已经趋于合理，20

世纪90年代以后，世界汽车市场基本为主要的几家跨国汽车集团控制。其中很多大型企业集团进行了重组整合，有失败也有成功，总的来说企业数量固定可数，而企业规模呈现横向一体化的大规模产销经营。目前，全球主要汽车国家为美国、日本和德国等（见表2-3）。

表2-3 后世界主要汽车国家代表汽车企业

国家	车企数量	代表汽车集团简称
日本	8	丰田、日产、马自达、本田、三菱（已加入日产联盟）、铃木、斯巴鲁、五十铃（已被通用收购）
美国	3	福特、通用、克莱斯勒（已被菲亚特收购）
德国、法国、意大利、英国等	9	宝马（包括劳斯莱斯等品牌）、戴姆勒（包括梅赛德斯—奔驰等）、大众（包括奥迪、保时捷等品牌）、雷诺、标致-雪铁龙、菲亚特（包括玛莎拉蒂、法拉利等品牌）、路虎、沃尔沃（已被吉利收购）、萨博
韩国	2	现代（收购了起亚）、大宇（已被通用收购）、三星（已被雷诺收购）

数据来源：据搜狐汽车、新浪汽车、盖世汽车网站整理。

当前，世界汽车产业已经形成所谓的“9＋5”模式，即有9家大型汽车企业，包括通用、大众、雷诺—日产联盟、丰田、现代起亚、福特、菲亚特—克莱斯勒联盟、本田和上汽集团，2016年这9家汽车企业每家年销量均在400万辆以上；5家较小企业是标志雪铁龙、铃木、戴姆勒、宝马和马自达。这14家企业2012—2020年的销量均达到当年全球销量的80％以上（见表2-4和表2-5）。

表 2-4　2011—2020 年全球汽车销量

年份	销量（万辆）	增长率（%）
2011	7817.04	4.3
2012	8212.91	5.1
2013	8560.61	4.2
2014	8833.81	3.2
2015	8968.46	1.5
2016	9385.64	4.7
2017	9000.00	-4.1
2018	9430.00	4.8
2019	9030.00	-4.6
2020	7797.12	-13.8

数据来源：根据《汽车工业年鉴》、搜狐汽车、新浪汽车、盖世汽车网站整理。

表 2-5　2012—2019 年全球主要汽车集团全球销量

单位：万辆

排名	品牌	2012	2013	2014	2015	2016	2017	2018	2019
1	丰田	974.80	998.00	1023.10	1015.10	1017.50	842.90	1052.00	1074.21
2	大众	907.00	973.00	1013.74	993.06	1030.00	862.60	1083.00	1097.46
3	通用	928.60	971.00	981.98	984.06	1000.00	—	879.00	774.47
4	雷诺—日产联盟	810.13	827.00	847.00	852.89	996.00	825.20	1036.00	1015.52
5	现代起亚	712.00	750.00	800.00	802.00	813.00	588.5	751.00	720.35
6	上汽	449.00	510.00	562.00	590.00	648.00	—	—	—
7	福特	566.80	632.00	633.00	663.00	665.00	517.10	573.00	490.12
8	菲亚特	427.39	442.38	460.80	461.00	472.00	408.90	—	441.80
9	本田	382.00	416.10	449.30	471.80	497.20	439.40	527.00	482.62

续表

排名	品牌	2012	2013	2014	2015	2016	2017	2018	2019
10	标志雪铁龙	296.50	282.00	293.90	297.30	314.00	342.10	—	350.00
11	戴姆勒	142.00	156.00	254.70	285.30	299.80	—	—	334.00
12	铃木	265.40	262.40	287.50	299.20	295.80	262.60	321.00	—
13	宝马	165.50	196.40	211.80	224.70	236.40	—	—	—
14	马自达	119.00	132.00	139.70	153.40	168.00	—	161.29	150.00

数据来源：根据《汽车工业年鉴》、搜狐汽车、新浪汽车、盖世汽车网站整理；其中2017年是截至当年10月的数据。

2. 寡头垄断市场结构

汽车工业不管在全球范围内还是具体到国家，都呈现出明显的寡头垄断市场结构类型。表2-6为全球汽车整车企业CR4和CR8指标。

表2-6　2012—2019年全球汽车整车企业CR4、CR8指标

单位：%

年份	CR4	CR8
2012	0.434	0.703
2013	0.431	0.713
2014	0.438	0.716
2015	0.429	0.710
2016	0.431	0.710
2018	0.420	—
2019	0.430	—

从表2-6可以看出，2012—2019年全球范围内的汽车整车企业的CR4大概在0.43的水平，而且总销量前四名的汽车集团

维持不变，分别是大众、丰田、通用和雷诺—日产联盟集团。按照贝恩对市场结构进行分类的标准，市场结构应该属于寡占Ⅳ型，即中（下）集中寡占型。另外，2012—2019 年全球范围内的汽车整车企业的 CR8 大概维持在 0.71 的水平，按照贝恩对市场结构进行分类的标准，市场结构也应该属于寡占Ⅳ型。从销量前八名的汽车集团微观数据分析发现，前八名的名次是变动的，菲亚特—克莱斯勒集团和本田汽车集团二者的全球销量非常接近。2012—2019 年，全球汽车整车市场的市场集中度在一个相当小的范围内的变动，寡占型的市场结构几乎没有得到改变。

3. 市场竞争手段多样化

经济全球化使大型跨国汽车企业在世界每个角落争夺市场。汽车产品多样，品牌丰富，各跨国汽车集团都展现出其精良的研发制造工程和工艺，并将营销和服务推向极致。

（1）产品差异化和品牌多样化。

全球汽企业集团在品牌、营销、设计及功能等方面进行品牌和差异化竞争（见表 2-7）。

表 2-7　主要汽车企业集团及其子品牌

宝　马	宝马、迷你、劳斯莱斯
菲亚特—克莱斯勒	菲亚特、克莱斯勒、道奇、吉普、阿尔法·罗密欧、法拉利、玛莎拉蒂、蓝旗亚、依维柯等
戴姆勒	奔驰、精灵、迈巴赫、迈凯轮、福莱纳（重汽）、赛特拉（客车）
福　特	福特、林肯、水星（Mercury）、野马等
通　用	别克、雪佛兰、凯迪拉克、大宇、吉姆西（GMC）、霍顿、五十铃、奥兹莫比尔、欧宝、庞蒂亚克、土星、沃克斯豪尔等

续表

雷诺—日产联盟	日产、雷诺、英菲尼迪、达西亚、三星等
丰　田	丰田、雷克萨斯、斯巴鲁、日野、大发、塞恩等
大　众	大众、斯柯达、奥迪、宾利、布加迪、兰博基尼、保时捷、西亚特等
本　田	本田、讴歌
其　他	现代起亚、标致雪铁龙、塔塔集团的捷豹和路虎

资料来源：盖世汽车网、汽车之家网站搜集整理。

每个汽车企业集团会根据市场需求偏好的不同开发出差异化的产品层次和品牌结构，以占领相应细分市场，培养忠实消费者。比如美国汽车公司生产的汽车多以外观大气、耐久实用为主，品牌代表为通用凯迪拉克 SUV、福特、林肯和克莱斯勒 300C；日本车多以价格经济、环境友好、车型轻巧适用、产品车型更新快为主，品牌代表为丰田卡罗拉、本田雅阁系列，日企就是靠这类车型在石油危机时期成功赶超欧美；德国汽车以做工精致耐用、车身坚固为主，品牌代表为大众、梅赛德斯—奔驰和宝马；英国汽车以做工考究、追求艺术境界为主，品牌代表为罗浮汽车、宾利、劳斯莱斯及路虎等。

（2）竞争激烈。

大型跨国汽车集团已经占领全球主要国家的汽车市场，在主要的汽车消费大国都有制造厂，每年产出大量的新车。而这些汽车不只供生产国消费，其相当大部分要用于出口。比如日本，虽然汽车企业多、产量大，但是受限于国内市场，其出口率达到 50%，而欧盟国家的汽车出口率更是惊人（见表 2-8）。

表 2-8 2010 年主要国家汽车出口情况一览表

单位：万辆，%

	日本	法国	德国	韩国	西班牙	美国	英国	巴西
出口量	484.14	478.60	498.60	277.20	208.00	150.20	104.70	76.70
国内产量	962.60	690.40	590.60	427.20	238.80	776.10	139.30	364.80
出口比率	50.30	69.40	84.40	64.95	87.10	19.40	75.20	21.00

数据来源：据 OICA（世界汽车组织）搜集整理，其中德国统计数据包括比利时。

（3）进出壁垒高。

现有汽车企业集团拥有庞大的固定资产，并控制着大量的专利技术、销售渠道等，与各国各级政府紧密联系。这些对于潜在和新进入企业是难以逾越的障碍。而退出壁垒也很高，因为汽车工业在工业产业链中的综合带动作用，以及庞大的就业力量，使车企在处于亏损而不得不破产时，大都会得到政府及银行的全力支持。2008 年的金融危机，使得福特、克莱斯勒和通用汽车公司陷入困境，克莱斯勒不得不寻求菲亚特的注资重组。通用汽车不得不破产重组，由于得到了美国财政部的大量注资得以重新复活，其股权构成为：美国财政部持股 60.8%；美国汽车工人联合会持股 17.5%；加拿大政府持股 11.7%；原通用持股 10%，由此可见一斑。其他汽车工业国家也存在大量类似的情况。

（二）中国汽车市场整车行业的市场结构

根据产业组织理论，产业集中度、进入与退出壁垒、产品差异化是市场结构的主要决定因素，本节通过这三个因素的变化来反映市场经济体制下中国汽车制造业市场结构的变化。

1. 产业集中度

在产业经济学中，产业集中度（CRn）和赫希曼指数（HHI）

是考察市场结构的重要指标，故以 CRn 指数和 HHI 衡量中国汽车市场整车行业的市场结构。

市场集中度逐年提高（见表 2-9）。从表 2-9 中可以看出，排名前列企业的生产量和销售量基本一致。1993 年以来，中国汽车制造业产业集中度处于缓慢上升中。CR4① 从 1993 年的 39.16% 提高到 2014 年的 63.94%；CR8② 从 1993 年的 52.71%升至 2014 年的 85.67%；CR10③ 从 1993 年的 58.15%提高至 2014 年的 89.72%，此后一直稳定在 90%左右。

表 2-9 汽车产销量计算的 CR4、CR8、CR10 变化

单位：%

年份	销量			产量		
	CR_4	CR_8	CR_{10}	CR_4	CR_8	CR_{10}
1993	39.16	52.71	58.15	39.21	52.85	58.33
1994	44.34	61.98	66.99	44.22	61.68	66.66
1995	42.94	62.28	68.87	42.51	61.99	68.56
1996	46.01	66.20	71.78	46.04	66.17	72.05
1997	—	—	—	43.57	63.81	70.14
1998	42.87	65.49	73.11	42.72	66.12	73.76
1999	43.28	65.12	73.57	43.62	64.76	73.05
2000	41.20	62.60	70.54	40.89	62.49	70.51
2001	40.89	62.62	70.06	41.84	63.80	71.15

①CR_4 为计算的汽车产量指标；②③CR_8、CR_{10} 为计算的汽车产量指标。

续表

年份	销量			产量		
	CR_4	CR_8	CR_{10}	CR_4	CR_8	CR_{10}
2002	56.26	75.34	80.62	56.91	76.11	81.51
2003	56.11	71.66	76.61	55.86	71.46	76.37
2004	58.35	75.71	80.26	58.25	75.75	80.52
2005	56.62	71.10	76.36	56.97	72.27	77.55
2006	55.86	72.53	78.97	56.04	72.62	79.06
2007	56.70	77.82	83.08	56.95	77.97	83.02
2008	57.94	78.24	82.99	57.80	78.08	82.87
2009	61.70	82.43	87.17	61.70	82.34	87.15
2010	61.59	80.50	85.49	61.51	80.34	85.40
2011	62.87	81.63	86.93	62.99	81.70	86.98
2012	62.89	81.88	87.34	63.03	81.92	87.41
2013	62.38	82.57	87.37	62.43	82.64	87.44
2014	63.94	85.67	89.72	64.04	85.89	89.83
2015	—	—	89.5	—	—	—
2016	—	—	88.3	—	—	—
2017	—	—	88.5	—	—	—
2018	—	—	89.2	—	—	—
2019	—	—	90.4	—	—	—
2020	64.56	—	89.5	—	—	—

数据来源：根据历年《中国汽车工业年鉴》计算而得；

注：缺少 1997 年和 2015—2019 年的销售量数据，缺少 2015—2020 年的产量数据。

从表2009—2020年可以看出，在2009—2020年期间，无论是用销量还是用产量来计算，中国汽车市场总体情况看，中国汽车行业集中度CR_4和CR_8分别达到60%和80%，按照贝恩分类标准中国汽车行业处于寡占Ⅲ型，即中等程度的寡头垄断市场水平。

2. 进入壁垒

（1）规模经济壁垒。

汽车制造业是规模经济显著的产业，企业对规模经济的追求使产业内的小型企业数量逐渐减少。从“企查查”数据得知，中国汽车制造业企业（大中型企业），2013年为2593个、2014年为2922个、2019年为2810个。总体上汽车企业数量没有减少，反而增加了。这使中国汽车制造业规模经济不显著，产能利用率不高。2017年中国乘用车总体产能利用率为66.55%，2020年降低到48.45%，产能严重过剩比较明显。截至2021年2月底，中国共有汽车制造相关企业40.8万家，2020年全年新注册企业9.87万家，同比增长100%。截至2020年12月31日，122家企业乘用车的建成总产能为4153.2万辆，还有在建产能988万辆。

中国汽车企业数量多，规模经济不显著的原因除了地方经济主导外，新能源电动车发展也是主要原因。由于新能源电动车除动力电池外，整车组装容易，技术上的进入壁垒不高，导致现有汽车企业纷纷转向新能源电动车，许多社会资本也纷纷涉足于该领域。

（2）政策法律性壁垒。

中国对汽车生产企业及产品实行严格的准入管理。1985—2000年中国实行目录准入制度，未列入目录的国产汽车一律不得办理注册登记。2001年开始实行通过公告制度。《汽车工业产业政策》（1994年）、《汽车产业政策》（2004）、《汽车产业调整和振兴规划》（2009年）、《商用车生产企业及产品准入管理规则》《乘用车生产企业及产品准入管理规则》相继颁布和实施，表明国家正逐步提高整车生产企业的研发能力、投资额、产销量的准入门槛。随着对汽车环保、节能标准的提高，中国汽车政策法律性壁垒正逐步提高。总体而言，中国汽车制造业的进入壁垒正逐步提高。

3. 退出壁垒

从汽车产业的退出壁垒看，汽车制造业属于技术和资本密集型产业，其生产设备购置和产品技术开发需要大量投资和较长周期。由于汽车生产设备的专用性，生产线很难实现向其他产业转移的主动退出，只能被强制退出。技术和资本上的进入壁垒也会形成相应的退出壁垒，所以进入壁垒高的产业，其退出壁垒也高。

2004 年 6 月 1 日开始实施的《汽车产业发展政策》的第十七条规定："建立汽车整车生产企业退出机制，对不能维持正常生产经营的汽车生产企业（含现有改装车生产企业）实行特别公示。"2009 年的《汽车产业调整和振兴规划》中提出："落实汽车整车生产企业退出机制。"2012 年 7 月 12 日，中国工信部发布了《工业和信息化部关于建立汽车行业退出机制的通知》，决定在汽车产业建立落后企业退出机制。2016 年 3 月工信部公告撤销 13 家汽车企业的生产资质，表明中国汽车企业的生产资质终身制被打破。可见，中国汽车生产企业的退出机制尚处在建立阶段。

二、汽车售后市场的结构

中国汽车协会将汽车售后市场分为六类，包括：维修市场（包括配件市场）、汽车用品市场，机动车保险市场、二手车交易市场、汽车改装行业和汽车租赁市场。

2016 年在中国汽车后市场中，维修市场产值为 7500 亿元

（其中配件市场4500亿元），汽车用品市场4934.3亿元，机动车保险4785亿元，二手车市场交易3675亿元，汽车改装行业产值1000亿元，汽车租赁市场380亿元。

据公安部统计，2020年全国汽车保有量达3.2亿辆，比2012年的2.39亿辆增加了0.81亿辆，因此中国汽车售后市场前景相当广阔。

第三节　汽车产业纵向控制方式

汽车行业纵向组织结构主要涉及三个环节：整车生产、汽车销售和售后市场。在售后市场，中国采取封闭的区域授权专营4S店模式。

在整车生产环节，各整车生产企业进行品牌、质量、价格等差异化竞争，同时在售后环节实施垄断。在销售环节，中国主要采用特许经营模式的四位一体4S店模式，即集整车销售（Sale）、零配件（Sparepart）、售后服务（Service）和调查用户（Survey）四位一体的汽车销售企业。

在整车制造环节，整车制造商与零配件生产企业形成供需协作关系。当前中国整车与零配件生产商的关系有两种：一种是零配件制造商为整车制造商的分厂或子公司，或者是整车制造商参股公司，整车制造商通过股权关系来控制零配件厂商形成内部市场。第二种是独立地零配制造商。他们围绕着整车制造商进行零配件生产、销售。零配件制造商根据整车制造商的订单、标准和技术生产零配件。当然，除了通过股权关系和供需关系形成的正式的零配件产销产系外，还存在某些给售后第三方汽车维修企业提供高仿零配件（行话叫“副厂”产品）的零配件生产商。在整车制造商与零配件制造商的关系中，整车制造商占主导地位。

销售环节，目前中国汽车保有量逐年上升，整车销售环节异常激烈，汽车价格近几年也大幅下跌，价格和利润空间越来越小。但是，一旦消费者购买了某个品牌的汽车，在售后服务上就被锁定了。因为，不管这个品牌汽车在制造和销售环节有没有垄断力量，其在售后市场一定具有垄断力量。

汽车售后环节不同于其他行业，由于每种汽车某些特殊的技术参数、零配件标准规格，以及其他方面的不同，所以不同品牌的汽车其售后服务都是不可相互替代的，因而不同品牌的汽车的售后市场都是垄断的，消费者的汽车维保必须要到该品牌汽车的4S店进行。

因此，当前中国汽车行业的竞争主要表现为生产和销售上的竞争。生产环节注重质量、功能、外观等竞争；销售竞争表现为渠道、价格上的竞争。无论前两个环节是否有垄断力量，即使竞争较弱的汽车企业，在其售后也是垄断的。因为消费者在售后市场具有锁定效应，为了获得更多消费者，汽车企业会在生产和销售环节展开激烈的竞争。从销售环节来看，最主要的是价格竞争，让利卖给消费者是为了把消费者锁定在售后环节，以便在更长时间里获得更多的利润。

在售后市场，整车制造商的零配件封闭式地专供其授权经营的4S店，当然一些独立第三方维修商也有零配件（副厂产品），但不是专有规范的。汽车是对安全性要求很高的产品，消费者出于安全性需要，必然是到厂商的4S店进行售后零配件更换。因此，整车制造商通过封闭的专用供给体系垄断了售后市场，使售后服务价格居高不下。因此，当前中国汽车行业出现了零整比很高的现象（见表2-10）。

表 2-10　汽车零整比 100 指数明细

序号	品牌	车系	厂方指导价格	汽车零整比（%）	常用配件指数	保养指数
1	MG 名爵	名爵 MG 3	83700	244.72	12.62	7.58
2	奥　迪	奥迪 A8	898800	490.35	16.98	35.75
3	宝　骏	宝骏 630	65800	271.12	16.10	6.38
4	宝　马	宝马 7 系	956000	388.33	15.42	24.10
5	宝　马	宝马 X3	460000	561.40	21.39	20.19
6	北京奔驰	北京奔驰 E 级	532000	592.37	23.39	34.43
7	北京奔驰	北京奔驰 C 级	479000	670.76	28.82	38.60
8	北京奔驰	北京奔驰 GLK 级	378000	830.49	24.59	33.55
9	北京现代	北京现代 ix35	169800	172.26	10.07	10.15
10	北京现代	名　图	129800	224.87	13.10	10.29
11	北京现代	瑞　纳	73900	236.91	13.73	7.97
12	北京现代	伊兰特	109800	250.85	10.89	11.33
13	北京现代	朗　动	105800	272.86	15.55	10.13
14	比亚迪	比亚迪 F3	59900	209.39	16.62	7.00
15	长　安	逸　动	79900	189.34	16.47	9.80
16	长　安	长安 CS75	144800	199.30	11.05	10.21
17	长安福特	翼　搏	94800	321.33	15.68	7.98
18	长安福特	福睿斯	96800	335.29	14.76	8.85
19	长安福特	福克斯	119900	346.16	13.17	7.10
20	长安福特	蒙迪欧	179800	351.83	12.59	19.48
21	长安马自达	长安马自达 3	127900	360.99	12.86	8.95
22	长　城	长城 C30	58900	210.26	13.13	5.24

续表

序号	品牌	车系	厂方指导价格	汽车零整比（%）	常用配件指数	保养指数
23	东风本田	思威 CR-V	179800	340.41	14.59	13.32
24	东风本田	思　域	139900	348.02	14.09	10.75
25	东风标致	东风标致 3008	159700	285.62	15.12	11.23
26	东风标致	东风标致 408	129700	286.41	14.59	10.36
27	东风标致	东风标致 308	127700	337.30	16.05	7.68
28	东风风神	东风风神 S30	59800	311.75	19.11	5.95
29	东风日产	天　籁	177800	252.52	13.51	19.41
30	东风日产	逍　客	164800	252.64	12.63	13.35
31	东风日产	奇　骏	209800	273.62	13.25	15.74
32	东风日产	天　籁	185800	276.33	12.62	17.50
33	东风日产	骐　达	105300	297.63	15.69	12.15
34	东风日产	轩　逸	99800	350.52	19.33	11.13
35	东风雪铁龙	东风雪铁龙 C5	226900	252.29	11.70	13.85
36	东风雪铁龙	东风雪铁龙 C4L	135900	296.99	13.80	12.94
37	东风雪铁龙	世　嘉	103800	372.98	15.80	6.13
38	东风英菲尼迪	东风英菲尼迪 Q50L	279800	574.51	20.87	15.23
39	东风悦达起亚	福瑞迪	98800	201.43	12.70	6.75
40	东风悦达起亚	远舰/K5	175800	213.18	12.02	7.15
41	东风悦达起亚	东风悦达起亚 K3	112800	228.26	13.65	7.10
42	东风悦达起亚	东风悦达起亚 K2	72900	238.96	14.02	8.19
43	东　南	菱　悦	57800	317.17	17.93	6.14

续表

序号	品牌	车系	厂方指导价格	汽车零整比（%）	常用配件指数	保养指数
44	广汽本田	雅　阁	179800	294.90	14.32	15.05
45	广汽本田	缤　智	153800	319.19	14.37	14.07
46	广汽本田	凌　派	124800	329.36	16.28	14.71
47	广汽本田	锋　范	89800	373.83	16.30	9.49
48	广汽本田	飞　度	73800	403.06	18.06	7.97
49	广汽乘用车	传祺 GS4	133800	247.36	14.32	12.33
50	广汽菲亚特	菲　翔	108800	278.60	19.73	7.40
51	广汽丰田	雅力士	88800	276.69	12.26	4.69
52	广汽丰田	雷　凌	107800	323.43	14.20	5.66
53	广汽丰田	汉兰达	248800	355.11	10.47	7.13
54	广汽丰田	凯美瑞	192800	390.73	10.11	6.49
55	广汽三菱	劲　炫	159800	347.99	11.91	15.43
56	哈　弗	哈弗 H6	119800	180.53	9.32	5.74
57	华晨宝马	华晨宝马 3 系	388800	543.05	21.79	17.93
58	华晨宝马	华晨宝马 X1	285000	616.60	25.64	19.98
59	江　淮	和悦 A13	52800	270.93	23.27	9.13
60	雷克萨斯	雷克萨斯 ES	298000	605.68	27.64	8.25
61	力帆（乘用车）	力帆 620	63800	157.66	10.68	7.67
62	梅赛德斯—奔驰	奔驰 S 级	938000	537.39	20.58	40.85
63	奇　瑞	瑞虎 3	73900	237.07	17.77	12.12
64	奇　瑞	风　云	52900	253.18	18.59	10.34
65	奇　瑞	艾瑞泽 5	63900	286.74	18.85	10.08

续表

序号	品牌	车系	厂方指导价格	汽车零整比（%）	常用配件指数	保养指数
66	上海大众	朗　行	115900	254.99	12.59	11.40
67	上海大众	途　观	199800	284.19	15.07	15.66
68	上海大众	凌　渡	145900	284.73	12.28	14.35
69	上海大众	波　罗	75900	349.45	15.66	8.80
70	上海大众斯柯达	明　锐	119900	256.71	13.61	9.30
71	上汽通用别克	昂科威	269900	244.34	11.73	23.13
72	上汽通用别克	君　威	199900	255.70	10.65	19.12
73	上汽通用别克	英　朗	132700	256.39	12.26	10.70
74	上汽通用雪佛兰	迈锐宝	181900	285.93	11.56	19.82
75	上汽通用雪佛兰	科鲁兹	109900	288.90	15.74	9.97
76	上汽大众	帕萨特	211900	234.02	11.99	15.26
77	上汽大众	朗　逸	121900	283.42	12.48	11.82
78	上汽大众	桑塔纳	84900	302.81	15.09	10.09
79	上汽大众斯柯达	Yeti	149800	254.25	10.86	19.05
80	上汽通用别克	凯　越	91900	248.64	14.45	9.51

续表

序号	品牌	车系	厂方指导价格	汽车零整比（%）	常用配件指数	保养指数
81	上汽通用凯迪拉克	上汽通用凯迪拉克 CT6	439900	270.82	17.95	20.32
82	上汽通用凯迪拉克	上汽通用凯迪拉克 ATS-L	318800	315.92	16.52	18.67
83	上汽通用雪佛兰	赛　欧	63900	255.09	15.49	8.78
84	斯巴鲁	森林人（Forester）	234800	274.44	11.88	21.51
85	四川一汽丰田	四川一汽丰田 RAV4	183800	376.63	10.76	13.57
86	天津一汽丰田	花冠/卡罗拉	136800	301.87	12.30	10.54
87	天津一汽丰田	皇　冠	279800	313.41	11.86	17.66
88	天津一汽丰田	威　驰	69800	447.68	12.70	10.26
89	沃尔沃亚太	沃尔沃 S60L	266900	619.38	22.55	16.07
90	一汽奥迪	一汽奥迪 A6	475800	333.07	9.66	29.40
91	一汽奥迪	一汽奥迪 Q5	358500	394.69	14.93	30.26
92	一汽奥迪	一汽奥迪 Q3	249800	426.29	10.17	20.30
93	一汽奥迪	一汽奥迪 A4	291000	466.74	14.28	19.96
94	一汽奔腾	奔腾 B50	89800	286.94	13.81	7.94
95	一汽大众	宝　来	121500	265.51	10.16	8.81
96	一汽大众	捷　达	88300	265.57	11.24	6.83

续表

序号	品牌	车系	厂方指导价格	汽车零整比（%）	常用配件指数	保养指数
97	一汽大众	迈　腾	212800	277.25	11.24	19.48
98	一汽大众	速　腾	131800	281.49	12.62	8.17
99	一汽大众	一汽大众 CC	252800	312.43	12.81	19.86
100	一汽马自达	一汽马自达 6	172800	557.98	14.81	13.70

数据来源：中国保险行业协会和中国汽车维修行业协会。

注：车型品牌按首字母排序，数据截至 2017 年 3 月；

第四节　汽车产业售后市场垄断的福利分析

一、售后市场拒绝交易及其效应

售后市场拒绝交易是指整车制造商垄断其售后市场维修、保养等服务，不向其他独立维修商开放，从而售后市场会形成垄断性定价。但如果消费者预期到售后市场上，厂商拒绝交易并制定垄断性定价，引起初级产品市场的消费者的预期需求下降。因此有

$p_i'(m)>0$；$p_i''(m)<0$，并设 $p_i'=p_ie^m$（$e\geqslant 1$，$0\leqslant m\leqslant 1$）

其中，p_i 为售后市场价格，m 为售后市场垄断速度。当 $m=0$ 时，不存在拒绝交易，售后市场不存在垄断；当 $m=1$ 时，售后市场完全垄断。

这里着重研究售后市场拒绝交易程度对社会福利的影响。根据汽车整车销售市场竞争和售后市场垄断的实际，消费者反需求函数和汽车制造商的收益函数分别为

（1）消费者反需求函数。

$$D=1-a(p_0+\sum_{i=1}^{n}p_ie^mr^i)\quad a>0 \tag{2.1}$$

其中，p_0 整车价格，n 为汽车使用的生命周期，r 为贴现率。

（2）垄断者的收益函数。

$$\begin{aligned}\pi&=\left[(p_0-c_0)+\sum_{i=1}^{n}p_ie^mr^i\right]\times D\\&=\left[(p_0-c_0)+\sum_{i=1}^{n}p_ie^mr^i\right]\\&\quad\times\left[1-a(p_0+\sum_{i=1}^{n}p_ie^mr^i)\right]\end{aligned} \tag{2.2}$$

其中，c_0 和 c_1 分别为整车制造成本。式（2.2）整理得

$$\begin{aligned}\pi=\pi^*&+\sum_{i=1}^{n}p_ie^mr_i(1-ap_0)-\sum_{i=1}^{n}p_ie^mr^i[(p_0-c_0)\\&+\sum_{i=1}^{n}p_ie^mr^i]\end{aligned} \tag{2.3}$$

其中，π^* 为假设售后市场开放条件下汽车制造商的利润。

由式（2.3）看出，汽车制造商售后市场垄断存在两种效应：一是售后市场锁定效应；二是整车需求减少效应。其中，$\sum_{i=1}^{n}p_ie^mr_i(1-ap_0)$ 为售后市场锁定效应，$\sum_{i=1}^{n}p_ie^mr^i[(p_0-c_0)+\sum_{i=1}^{n}p_ie^mr^i]$ 为整车需求减少效应。

汽车在售后市场垄断程度 m 越高，拒绝效应会使汽车制造商收益增加，但需求效应会使收益下降，因此汽车制造商售后市场拒绝交易并实现垄断取决于垄断收益效应与需求下降效应的对比。

根据现实情况，汽车制造商都是售后进行垄断。汽车制造商是理性的经济人，因此可以推断，售后市场垄断能使汽车制造商在售后市场锁定消费者而产生的利润高于其在整车市场上因需求

减少而减少的利润。

二、整车与售后市场组合性定价及其效应

Klein（1996）认为，初级产品的价格与售后市场的价格是整个产品生命周期的整体价格。初级产品价格与售后市场价格只是整体产品价格的两个组成部分。在整体价格不变的情况下，汽车制造商如何进行初级产品价格与售后市场价格的结构安排以实现最优价格组合，并实现利润最大化。这是汽车制造商两部分价格定价的核心问题。

假定消费者对售后市场具有不完全信息，因此消费者在购买汽车时对当前价格（即汽车销售价格）更敏感。但消费者一旦买了汽车，就被锁定，在售后市场上可能接受该汽车制造商的垄断性服务。这里汽车制造商面临着一个两难境地，假定汽车制造商在整车销售市场也有一定的垄断力量，但如果汽车制造商在销售市场定价过高，必然会减少汽车的需求，从而会相应地减少后续售后市场的收益。汽车制造商如何制定一个最优价格结构，以实现利润最大化呢？

设组合定价下消费者对初级产品的反需求函数为

$$D_1=1-ap_1 \quad (a>0,\ p_1=1-\sum_{i=1}^{n}ip_2) \quad i=1,\ 2,\ 3,\dots,\ n \tag{2.4}$$

p_1、p_2 分别为汽车价格和售后市场价格，设 1 为汽车价格和售后市场价格的整体价格。如果消费者在汽车销售市场购买了，被锁定后就必须接受汽车制造商在售后市场的垄断服务，因此汽车销售市场上的需求也就是售后市场的需求，即组合定价下汽车制造商利润为

$$\pi_1=[(p_1-c_1)+\sum_{i=1}^{n} i(p_2-c_2)r^i][1-a(1-p_1)] \quad (2.5)$$

整理得：

$$\pi_1=[1-a(1-p_1)](p_1-c_1)+\sum_{i=1}^{n} i(p_2-c_2)r^i \times[1-a(1-p_1)] \quad (2.6)$$

汽车制造商在销售市场制定一个低于竞争性价格的销售价格，而在售后市场制定一个垄断高价，那么存在两种效应：一是价格效应；二是补贴效应。价格效应即汽车在售后市场垄断定价的收益；补贴效应是汽车制造商通过售后市场的垄断定价补贴销售市场上的低定价，从而获得更高的需求，实现更高的收益。

汽车制造商实现利润最大化的前提是价格效益大于补贴效应，因此汽车制造商通常会在销售市场上定低价，而在售后市场定高价，实现利润最大化。

价格效应为

$$\sum_{i=1}^{n} i(p_2-p_2^*-c_2)r^i[1-a(1-p_1)]$$

补贴效应为

$$[1-a\ (1-p_1)\ ]\ (p_1^*-c_1) \quad (2.7)$$

p_1^*、p_2^* 分别为正常情况下的定价。

从模型看出，汽车制造商在销售市场上的定价 p_1 对其利润影响至关重要。汽车制造商必须衡量销售市场的定价对销售市场和售后市场两部分利润的影响。这里形成两种效应：一是价格效应；二是补贴效应。

三、福利分析及反垄断依据

汽车制造商对汽车销售价格与售后市场价格进行组合性定

价，汽车制造商的生产剩余和消费者剩余各自会产生什么变化？对社会福利会造成何种影响？厂商“前低后高”组合性定价对消费者来说是一种消费陷阱吗？是否会造成消费者剩余损失？

根据中国汽车售后市场的现实情况，中国汽车售后垄断定价非常普遍，汽车零整比十分高（见41页表2-10）。

若汽车销售市场和售后市场均是竞争性的，且不考虑贴现，消费者剩余为

$$W^* = U - (p_1^* + \sum_{i=1}^{n} i p_2^*) \tag{2.8}$$

W 为消费者剩余，U 为消费者购买一单位汽车获得的效用。

依据售后市场垄断的情况，消费者的剩余为

$$W = U - (p_1 + \sum_{i=1}^{n} i p_2) \tag{2.9}$$

由此，在售后市场垄断情况下，消费者损失的剩余为

$$W^* - W = (\sum_{i=1}^{n} i p_2 - \sum_{i=1}^{n} i p_2^*) - (p_1 - p_1^*) \tag{2.10}$$

其中 $p_2 > p_2^*$，$p_1 > p_1^*$。（$p_1 - p_1^*$）也可以理解为汽车制造商对销售市场上的补贴额，（$\sum_{i=1}^{n} i p_2 - \sum_{i=1}^{n} i p_2^*$）也可以理解为汽车制造商在售后市场垄断定价的价格效应。由于汽车制造商利润最大化的要求，售后市场的价格效应要大于对销售市场上的补贴效应，因此式（2.10）大于零，即相对于售后市场不垄断的情况下，售后市场降低了消费者剩余。

第五节　中国汽车售后反垄断政策及改革

一、现有政策评述

中国于2005年出台了《汽车产业政策》和《汽车品牌销售实

施管理办法》，使汽车4S店成为汽车流通领域的单一模式。

针对汽车销售和售后领域的垄断行为，2014年7月，中国掀起了针对汽车行业售后市场零配件价格、修维、保养等垄断的反垄断调查高潮。2014年8月6日，国家发改委宣布，奥迪、克莱斯勒及12家日本汽车零配件企业存在垄断行为，并依据《反垄断法》对4家宝马经销商给予行政处罚，罚款总金额达162.67万元。在反垄断风暴下，8月7日和8日，宝马中国、广汽丰田、广汽本田、东风日产4家汽车公司纷纷发表公告，将对部分零配件价格进行调整。2015年1月1日，交通运输部、国家发改委、教育部、公安部等10个部委联合发布了《关于促进汽车维修业转型升级、提升服务质量的指导意见》（简称《意见》），《意见》要求汽车制造商公开汽车维修技术信息，且无歧视、无延迟地向售后授权维修商和独立维修商提供汽车维修技术资料。2015年9月29交通运输部、环保部、商务部、国家工商总局等8个部委联合发布了《汽车维修技术信息公开实施管理办法》（简称《办法》），并于2016年1月1日起实施。《办法》明确规定，汽车生产者应采用网上信息公开方式，公开所销售汽车车型的维修技术信息；汽车生产者应以可用的信息形式、便利的信息途径、合理的信息价格，向所有维修经营者和消费者无差别、无歧视、无延迟地公开所销售汽车车型的维修技术信息；不得通过设置技术壁垒排除、限制竞争，封锁或者垄断汽车维修市场。

2019年1月4日，国务院反垄断委员会印发了《国务院反垄断委员会关于汽车业的反垄断指南》（简称《指南》），梳理了相关商品市场、相关地域市场的界定思路，辨析了汽车经销与汽车售后市场界定需要考虑的具体因素。《指南》还明确提出了汽车供应商无正当理由，不应限制配件制造商生产双标件；不应限制经销商和维修商外采和外销售后配件；不应限制售后维修技术信息、测试仪器和维修工具的可获得性。在双标件上，《指南》规定，除根据代工协议生产的配件以外，在其品牌汽车售后市场上具有支配地位的汽车制造商没有正当理由，不应限制为初装汽车配套的配件供应商生产双标件，即汽车制造商不应禁止为其提供初装零部件的配件供应商在相关初装零部件上加贴自有商标、标识和零件代码。

从中国开展汽车售后反垄断以来，上述政策填补了具有售后市场特征的产业反垄断的政策空白，为中国售后市场反垄断实践提供了政策依据。但关于汽车制造商公开维修技术信息指向及界定比较笼统，公开什么信息？是否涉及知识产权及专利的保护问题？如果是汽车制造商的关键核心技术，是否会损害汽车制造商的核心竞争力？此外，相关政策对汽车的销售市场与售后市场关系也未厘清。

表 2-11 列出了 2014—2020 年汽车行业反垄断相关政策及主要内容。

表 2-11　2014—2020 年汽车行业反垄断相关政策及主要内容

政策	时间	环节	主要内容
《关于停止实施汽车总经销商和汽车品牌授权经销商备案工作的公告》	2014 年 7 月 31 日	销售	自 2014 年 10 月 1 日起，停止实施汽车总经销商和汽车品牌授权经销商备案工作；停止实施备案工作后，从事汽车品牌销售的汽车经销商（含总经销商），按照工商登记管理相关规定办理，其营业执照经营范围统一登记为“汽车销售”；根据工商总局公布的备案名单文件已将营业执照经营范围登记为“XX 品牌汽车销售”的汽车总经销商和汽车品牌授权经销商，可以申请变更登记为“汽车销售”

续表

政策	时间	环节	主要内容
《关于在中国（上海）自由贸易试验区开展平行进口汽车试点的通知》（天津、福建、广东以及国内部分进出口口岸）	2015 年 1 月 7 日	销售	在自贸试验区内的汽车经销商，经商务部进口许可，从事进口国外汽车的经营活动；试点企业及其在自贸试验区内注册的汽车经销商是平行进口汽车产品质量追溯的责任主体，应当依法履行产品召回，质量保障，售后服务，汽车三包，平均燃料消耗量核算等义务。不允许进口旧车和非法改装车，并负责采用原制造商许可的方案消除质量缺陷。经销商进口的汽车产品应符合国家有关质量标准，技术规范的强制性要求等
《机动车维修管理规定》（交通运输部令 2015 年第 17 号）	2014 年 9 月 18 日	售后	细化建立机动车维修档案的相关规定；要求机动车维修经营者建立机动车电子化维修档案，及时上传相关数据至国家有关汽车电子健康档案系统，机动车生产厂家或者第三方开发/提供机动车维修服务管理系统的经营者向汽车电子健康档案系统开放相应数据接口，有效防止不同市场参与主体为了私利进行信息封闭赋予托修方查阅机动车维修档案的权利；精确定义同质配件；明确定义同质配件为产品质量等同或高于装车零配件标准要求，且具有良好装车性能的配件。同质配件的认定不再模糊，有望提高其自由流通的实操性

续表

政策	时间	环节	主要内容
交通运输部关于印发《汽车维修技术信息公开实施管理办法》的通知（2月征求意见，9月出台）	2015年8月26日	售后	各汽车生产者应在2015年12月31日前，向交通运输部备案其汽车维修技术信息公开的有关信息。自2016年1月1日起，汽车生产者应在规定期限内，公开所销售汽车车型的维修技术信息，以便于案件的审理、保险理赔及汽车的维修；经营汽车生产者是信息公开的主体，对未公开或未有效公开维修技术信息且整改不合格的，交通部将会同有关部门依法予以处罚
《国务院反垄断委员会关于汽车业的反垄断指南》	2018年11月提交国务院反垄断委员会全体会议审议，2019年1月印发	售后	对汽车产业的相关商品市场进行界定，如提出“汽车售后市场可以分为售后配件经销市场和售后维修保养市场，也可以根据替代性分析进一步界定”；在汽车售后市场上具有支配地位的汽车供应商没有正当理由，不应限制售后配件的供应与流通

资料来源：作者根据相关文件整理。

二、汽车售后市场反垄断建议

（一）建立各个品牌汽车零配件价格全国统一信息平台

为防止汽车制造商利用4S店在售后市场的零配件更换上实施垄断高价，可以建立一个包括各个品牌汽车零配件价格全国统一信息平台。平台要采集零配件供应商向汽车制造商供应的各个零配件价格的信息，并按季度进行动态更新。平台向全社会公开各个品牌汽车零配件的供应采购价。规制机构出台一个在供应采购价上浮一定比例的价格区间的售后市场指导价。

（二）引导汽车制造商制定和收取汽车整个生命周期内一揽子费用

为防止4S店收取垄断服务高价，在前述平台信息发挥作用而使零配件不能实施垄断定价后，还需要对4S店的服务价格进行规制。因此，可以引导汽车制造商在整车销售时就收取一个汽车整个生命周期的售后服务费用（零配件更换、喷漆等材料成本除外），和汽车销售价格一起形成一个汽车整体价格。售后服务费用要单独列出。消费者可以通过平台对4S店的服务质量进行评价，以服务质量信息公开监督4S店的售后市场服务。

（三）建立各个品牌汽车的核心技术目录，对涉及汽车核心技术的给予豁免

《汽车维修技术信息公开实施管理办法》和《国务院反垄断委员会关于汽车业的反垄断指南》都提出，汽车制造商应公开所销售汽车车型的维修技术信息；汽车生产者应以可用的信息形式、便利的信息途径、合理的信息价格，向所有维修经营者和消费者无差别、无歧视、无延迟地公开所销售汽车车型的维修技术信息；不得通过设置技术壁垒排除、限制竞争，封锁或者垄断汽车维修市场；无正当理由，不应限制维修技术信息、测试仪器和维修工具的可获得性。

但是，有些技术是汽车制造商的核心技术，涉及汽车制造商的核心竞争力问题。为了尊重和保护知识产权，以有利于汽车制造商打造核心竞争，规制机构应允许汽车制造商对核心技术进行

保密。因此，规制机构可以建立一个汽车核心技术目录，允许各个品牌制造商申报其不公开的核心技术。规制机构经过对申报的核心技术充分调研分析后，纳入不公开的核心技术目录。

（四）放开零配件市场

在同质同价的基础上，应允许零配件供应商加贴自己的品牌和商标并允许标注“专用某品牌汽车和零件代码”字样。汽车是安全性要求很高的耐用品，一旦某零配件不符合某品牌汽车的规格参数，会有极大的安全隐患，因此为保证正确的零配件使用到正确的品牌车上，并为了防止假冒劣质零配件破坏市场，应允许零配件供应商有条件地生产双标件。

第三章　中国电梯产业售后市场垄断的福利效应及反垄断政策

电梯是指服务于建筑物内若干特定的楼层，其轿厢运行在至少两列垂直于水平面或与铅垂线倾斜角小于15°的刚性轨道运动的永久运输设备。在一定程度上属于广义的交通运输工具，并且，随着现代城市化进程的加速，电梯已经成为高层建筑及公共场合不可或缺的运载设施。从改革开放前国有电梯产有量只有数百余台到20世纪八九十年代外资品牌入驻，中国电梯产业逐渐与发达国家接轨；并且，在21世纪初，包括康力电梯、江南嘉捷、远大智能等一系列民营名牌凭借其标准化生产，以及较优的性价比逐步打破外资品牌在国内电梯市场的垄断局面。据中国产业信息网发布的《2017年中国电梯行业市场现状及发展趋势分析》统计，中国逐渐成为全球最大的电梯生产国和消费国，占比世界持有量60%以上。

第一节　电梯产业纵向产业链

电梯产业作为极具代表性的具有“以销定产”导向的行业，其产业链可以根据产销行为分为：研发、设计、制造、实验、物流、营销、装饰安装、检验、维保、技术改造等。具体涉及的各个环节，又可根据行业上下游之间的关联性分为钢铁、有色金属、门机、显示器等配套零配件在内的上游行业，以及房地产和建筑业，包括住宅、商业配套、基础设施等在内的下游行业。

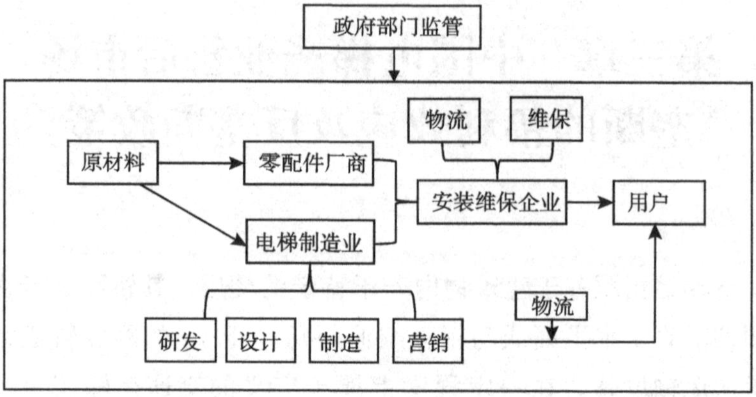

图 3-1　电梯产业纵向结构

在近 20 年的行业发展中，中国电梯产业通过不断引进国外技术，使得标准化生产规模逐步扩大，但是，“以销定产”的行业导向往往要求电梯产业链的设计制造环节，根据客户要求及其后续的建筑设施配套，在接受订单后通过整合其相关技术进行差异化的“订单式”生产。电梯整机厂商的上游行业主要为板材、有色金属、曳引机等系统配套零配件行业。由于纵向产业链较长，使得电梯的生产制造涉及行业众多，其中包括金属材料工程、电子触控、五金制造、物流和相关服务等行业，从而出现其生产等相关环节中多行业链相互交叉的现象。其中，最为显著的是与物流运输行业与售后服务的交互。由于电梯产品属性原因，以及“产—装”上的地理位置因素，其对于物流运输条件极高。近些年，伴随互联网经济的发展、物流行业的迅猛发展，在中国电梯行业较为密集的珠三角地区随之演化出诸如广日物流、汤姆逊物流等专业电梯物流公司。此外，伴随着前期市场高需求的扩展，后续市场的安保服务逐渐呈上升趋势。由于电梯产品对安全性要求高，其售后市场所带动的相关质检、维修等方面的就业极大。

电梯的下游行业主要是房地产和建筑业，包括住宅、商业配套、基础设施等。电梯行业与居民住宅、商场超市、市政工程等有着高度的关联性，下游行业的发展状况直接影响电梯行业的发展。

此外，按照电梯企业类型，其产业链可划分为整机制造企业、零配件生产企业、安装企业、维修保养服务企业等。在市面上大体形成了“以整带零”的局面：主要围绕着整机企业发展，增强其国内市场竞争力，减少对国外技术的依存度，带动零配件企业的发展。市场竞争通过消费者体验，以及理念的改变正在逐步地向售后服务上转变，整机企业面临着行业利润向产业链尾端服务企业转移的危机。因此，中国电梯企业面临着整合产业链的问题。在售后服务收益的冲击下，使得相关电梯企业纵向一体化程度加快。最为典型的是成都在2013年建立了西部首条较完整电梯制造产业链，成为广日集团在西集电梯整机、电梯电气核心零配件、电梯导轨及LED绿色照明产品制造和销售，以及相关配套服务的先进制造业生产基地；以其雄厚的技术及资金基础辐射西部地区的生产制造业。在近些年电梯事故愈发频出的情况下，维修保养服务成为电梯企业尤为关注的核心点。相比汽车企业较严格的售后零配件安保机制，中国电梯行业的售后服务企业呈现多处开花的现象，其中主要包括整机企业直接维保、受整机企业委托营保及独立维护公司。

第二节　电梯产业纵向市场结构

据《2017年中国电梯行业市场结构及行业市场发展前景》统计，中国现有电梯相关企业达600多家，其市场梯度主要可以划分为三类：第一类是以奥的斯（OTIS）、迅达、通力、东芝、富士达等为代表的外资品牌；第二类是具有极高本土声誉的合资品牌，如广州日立、上海三菱等；第三类为近些年发展迅猛的性价比高的中小民营品牌，如康力、永大等。

一、售前市场结构

目前，中国已经形成了全球最大的电梯市场，占到全球需求规模的1/3。据国家市场监督管理总局数据显示，截至2020年中国电梯达到786.55万台，且随着老旧小区改造和新型城镇化的推进，后期市场发展空间还很大。中国电梯产业市场上有700多家电梯企业，本土品牌占市场份额30%，外资品牌电梯占据中国电梯市场的主导地位。

二、售后市场结构及服务主体

近十年来中国电梯运行故障导致的人员伤亡事件频频爆发，如2015年7月15日沈阳市和平区华阳国际大厦写字楼电梯突发事故和2021年5月23日广东湛江一小区发生电梯事故。随着《特种设备安全法》等法规的颁布，电梯整机企业开始重视起售后市场。电梯售后市场的维保收入极有可能逐渐超过新梯销售业务所得，从而取代新梯业务成为电梯行业最大的主营收入来源。从发达国家电梯市场来看，发达国家电梯维保收入占电梯收入70%左右。以康力电梯为例，2020年安装及维保服务性收入和零部件收入分别达到5.9亿元和3.3亿元人民币，两项营业收入超过整个营业收入的21%、两项利润接近公司总利润的17%。电梯制造商开始重视售后市场战略。

售后服务一般指的是电梯生产安装完成后，根据《特种设备安全法》规定，电梯生产企业对出厂设备的安全终身负责，电梯制造企业需要为客户提供一年免费维保服务，免费服务到期后，客户会与电梯企业或其他维保单位签订有偿维保合同。另外，其他售后维保服务还包括配件销售服务及现代化改造更新服务等。

由于电梯使用周期较长且单次维保费用较高，使电梯寿命期限内所需的总维保费用出现有可能超过整机购买的费用。目前，电梯维保企业主要有：电梯制造企业下属维保公司、具有安装和维保资格的公司、单独具有维保资格的公司、挂靠在具有维保资格公司下的维保公司、物业公司下属维保公司。从市场占有率来看，整机制造的自保维修企业及专门电梯维保企业市场份额较小，第三方独立维保企业占市场份额的70%。

由于整机制造的自保维修企业拥有电梯核心技术和信息的优势，对其品牌电梯的售后市场具有一定的垄断力量。尽管第三方独立电梯维保企业没有各个品牌电梯的核心技术信息，但其可以一对多地与不同品牌的电梯合作，定价弹性大，灵活机动，可满足不同品牌电梯制造商和客户的需求，使其占据了较大的市场份额。

当前，中国从事电梯安装、改造、维修保养的单位有几千家，从业人员几十万人。在维保企业众多的情况下，市场竞争的激烈使得维保企业关注重点是维保订单的数量而不是维保质量，这直接影响了电梯的安全运行。

案例：电梯维修工不具备维修资质，青岛祖孙俩电梯坠亡[①]

2015年，四川一名72岁的老太太带着年仅3岁的孙女来青岛旅游，在7天连锁酒店乘坐电梯时，祖孙俩双双坠落电梯井，当场身亡。

事故原因是：青岛某电梯有限公司接到7天连锁酒店电话，得知位于营口路32号的酒店内电梯发出焦糊味。业务经理林某违反“双证作业”规定，派出不具备维修资质的刘某单独前往维

① 孙安清，张淦．青岛祖孙俩电梯坠亡案一审宣判 维修工犯重大责任事故罪获刑［N］．法制日报，2017-03-02.

修。在维修过程中，刘某违反技术规范，对制动器简单调整后电梯继续运行，维修过程中未发现电梯存在其他问题。第二天中午，事故发生，造成72岁的四川旅客吴某及其3岁的孙女周某双双坠下电梯底坑，当场身亡。

2017年3月，山东省青岛市市北区人民法院对“7天连锁酒店电梯事故”一案做出一审判决，以犯重大责任事故罪，分别判处电梯维保单位两名责任人有期徒刑两年，缓期两年执行和有期徒刑两年，缓期3年执行。法院经审理查明：由于对制动器制动力矩及制动衬片与制动轮之间的间隙调整不当，电梯正常运行时制动衬片长时间与制动轮发生摩擦，造成制动衬片过度磨损并因摩擦过热而造成热龟裂、碳化，以致制动时制动衬片不能紧密、均匀地贴合在制动轮表面，且制动器表面摩擦副摩擦因数降低，制动器制动力已不足以保持空载轿厢系统为静止状态及制停其低速上行移动，最终导致电梯轿厢平层、制动器制动后，空载轿厢在对重重力的作用下、在电梯轿门和层门没有完全关闭时向上意外移动，是发生本次事故的原因。涉案电梯由于制动轮与制动闸瓦间隙调整不当，电梯在运行中制动闸瓦衬磨损严重（应该更换），使得制动闸瓦衬与制动轮之间有了非正常间隙。事故发生时，由于制动器失效，制动器正常制动时，制动力矩严重不足，不能有效制停电梯，导致轿厢在对重的重力作用下向上溜车，是造成祖孙二人掉入电梯底坑死亡事故的直接原因。

第三节　电梯产业纵向控制方式

由于电梯售后市场存在充分竞争，且整机企业无法生产所需要的所有零配件；而且，通常电梯的消费者与使用者相互分离，后续的电梯维修保养并不一定强制性需要从原厂获得，制造商对在维保市场占主导的第三方维修商并不存在严格的纵向约束。我们可知，由于单体的销售与维保的可分离性，以及零配件市场的活跃性，整机企业无法通过零配件专有性①而锁定客户。整机企业需要向售后市场延伸产业链的原因主要在于电梯使用寿命内维修保养费用的高昂，所以，在不考虑与第三方维修商之间完全竞争的情况下，出于便利维修、保证维修质量等原因，我们可以认定，电梯制造商通常采用非价格约束的方式对部分维修商的纵向控制。

一、电梯制造商对合约维修商的区域市场圈定

一般意义上的区域市场圈定也成为区域市场限制，制造商对经销商进行销售区域的划分，严禁其跨区域销售。相应的，除了电梯制造企业下属维保公司的整机制造的自保企业中的维修商，与整机企业通过签订维保协议的诸如具有安装和维保资格的公司、挂靠在具有维保资格公司下的维保公司、物业公司下属维保公司，通常会进行维保范围的区域划分。通常情况下，电梯制造商不再允许合约内的维保企业私自向划定区域外进行投标电梯维保。但是，换个角度，在严格的技术锁定情况下极有可能导致垄断问题的产生，其福利效益的衡量较为模糊，需要根据具体情况而定。

二、合约维保厂商的独家代理权

在维修厂商的区域市场圈定内，制造商对其更为严格的纵向控制方式还可以通过独家代理权进行限制，也就是该品牌电梯制造

---

① 虽然所有的大宗耐用品行业一定都存在由于技术专有性引起的后续零配件，以及技术锁定效应。例如，奥的斯电梯的 REM 远程电梯监控系统、宝马汽车的三涡轮发动专利等。在电梯售后市场大范围竞争的局面下，我们可以认为，电梯维修除了品牌核心零配件之外，所有的零配件基本都能在零配件市场获取。考虑到如今第三方维保公司占电梯售后主要市场，整机企业与维保企业之间并不存在实质意义上的像汽车品牌供应商与维修商之间的纵向依存关系。所以在这里我们考虑的是一般情况下的电梯售后维保行为；并且几乎没有任何一家现有整机企业能够完全独立生产所有的零配件。正是由于电梯生产商对零配件厂商的高依赖性，使得地方电梯企业需要带动零配件企业发展，以满足其配套需求。

商制定的维保区域内只选择一家维保代理公司，由其独家代理该品牌电梯的各类售后维保工作。在这样的情况下，合约维保厂商为保证相关技术不被泄露，不得再接受其他任何品牌电梯的维保工作。

三、现有纵制方式下售后市场的问题

电梯维保指对电梯各个零部件维修、保养，对运行的电梯部件进行检查、加油、清除积尘、调试安全装置等工作。中国《特种设备安全法》》规定，电梯的维护保养应当由电梯制造单位或者依照本法取得许可的安装、改造、修理单位进行。尽管电梯产业纵向有不少电梯制造商采取了对合约维修商的区域市场圈定和合约维保的纵向控制方式，但目前在电梯售后市场上，第三方独立维保商占据70%的市场份额，其中有不少未取得维修保养许可证维保商。

电梯售后维保服务不仅涉及安装、加油、清除积尘等服务，还涉及零配件维修、更换等服务。而电梯是安全性要求很高的产品，一旦在维保中出现零配件不匹配或维修质量不同，很容易出现安全事故。在电梯售后市场竞争较充分的情况下，低价竞争、降低质量是不可避免的。

第四节　电梯产业售后市场垄断的福利分析

一、基本假设

根据目前电梯产业整体产业链情况，我们可做如下假设。

假设1：在售前整机销售市场有两家整机企业进行差异化竞争

由于现阶段中国电梯零配件配套不足，整机企业联合地方政

府等方式进行“以整带零”的方式推进其发展。由于零配件具有“非标准化”的特点，零配件生产企业和整机企业一般采取“以销定产”的合作方式。

可以认为，零配件生产企业在进行充分的伯特兰德（Bertrand）竞争之后，使得均衡价格等于边际成本，并且整机企业不再后续的维保市场进行二次加价。概括地来说，本部分的模型结合现实电梯市场零配件配套不足，以及被动合作的情况，简化了上游零配件厂商之间的情况，专注于整机价格及后续维保价格的竞争。在这里需要格外说明的是，在正常情况下由于电梯的售后具有强制的不少于15天一次的保养规定，因此，一般的维保费用中包括人工日常维保及零配件更换费用，这里主要关注于零配件的更换费用。

假设2：下游经销商进行充分的Bertrand价格竞争

由于消费者偏好异质性所导致的寡头同类产品之间存在差异性，因此可以选用霍特林（Hotelling）产品差异化价格竞争模型。在售后市场垄断的情况下，零配件生产企业在很大程度上被整机企业通过纵向约束方式控制。

根据电梯产业纵向结构市场可建立如下模型：整机企业1和整机企业2通过转售价格维持控制电梯的销售。两个品牌之间相互独立但同时进行Hotelling市场竞争。为了后续结果的简洁，我们还做假设3。

假设3：整机企业1生产成本为0，销售价格为p_A^1，市场需求为x（与整机企业2互补）

假设4：电梯折旧为q，零配件价格为p_l，维修的零配件需求为Q_1

对于零配件需求，我们可以认定电梯的折旧越低越需要进行零配件更换，因此每个电梯的生命周期内零配件需求可以表示为

$$Q=\left(\frac{1}{2}\omega\ (q)^{2},p_{l}\right)，并且Q'<0,Q''<0\ (\omega\ 为质量系数) \tag{3.1}$$

假设5：电梯客户与使用者在一般情况下分离的特性

假设一台电梯具有1位客户及m位使用者，并且为了计算方便将m位使用者同质化于1单位客户中；对于一般乘用电梯的运输作用来说，可以认为客户从所有整机中获得的效用都相同为v_A。但是在售后进行零配件维保更换时，客户所获得的效用$v_B=\theta\times(1-q)-p_l$。

二、售后垄断的社会福利

在基本条件假定之下，可得售前市场和售后垄断市场收益分别为

$$\begin{aligned}\pi_A&=p_A\times x\\ \pi_B&=p_l\times x\times Q\left[\frac{1}{2}\omega\ (q)^{2},p_l\right]\end{aligned} \tag{3.2}$$

其中，p_A为产品市场价格；π_A、π_B分别为产品市场和售后市场利润。

同理，可得到整机企业1与整机企业2的二阶段的总收益分别为

$$\begin{aligned}\pi_1&=p_{A1}\times x_1+p_{l1}\times x_1\times Q_{12}\left[\frac{1}{2}w_1\ (q_1)^{2},p_{l1}\right]\\ \pi_2&=p_{A2}\times x_2+p_{l2}\times x_2\times Q_{22}\left[\frac{1}{2}w_2\ (q_2)^{2},p_{l2}\right]\end{aligned} \tag{3.3}$$

根据线性Hotelling模型，利用原始模型中的旅行成本t来表示客户异质性，客户对于两种品牌电梯的差异性越大，t值就越大。越大的t值表明，品牌企业都会尽力通过扩大自身电梯产品的差异优势来巩固自身市场地位，锁定客户。因此，对于两家竞

争的整机企业，由于整机企业对售后市场进行各自垄断，所以在客户的售后维保效用 $v_B(\theta, q, p_l)$ 中，θ 为客户对售后服务质量为偏好，满足 $\theta=1$。因此，两家企业的需求需要满足：

$$v_A+v_B^1(q,p_l^1)-p_A^1-p_l^1\times x\times Q_{11}\left[\frac{1}{2}\omega_1(q_1)^2,p_l^1\right]-xt$$
$$=v_B+v_B^2(q,p_l^2)-p_A^2-p_l^2\times(1-x)\times Q_{22}\left[\frac{1}{2}\omega_2(q_2)^2,p_l^2\right]$$
$$-(1-x)t \tag{3.4}$$

其中，x 表示的是客户对于购买整机企业 1 和整机企业 2 的电梯，以及后续的零配件更换的无差异位置，并且为了方便结果的美观直接性，我们可以认为，使用者从两种电梯中所获得的搭乘效用相等，即 $v_A=v_B$。因此，两家整机企业的需求分别为

$$x(p_A^1, p_A^2, p_l^1, p_l^2, q)$$
$$=\frac{v_B^1(q, p_l^1)-v_B^2(q_1, p_l^2)+p_A^2-p_A^1+p_l^2\times Q_2\left[\frac{1}{2}\omega(q_2)^2, p_l^2\right]-p_l^1\times Q_1\left[\frac{1}{2}\omega(q)^2, p_l^1\right]+t}{2t}$$

$$1-x(p_A^1, p_A^2, p_l^1, p_l^2, q)=1 \tag{3.5}$$

假设两家企业同时进行决策，求解使得两家企业利润最大的均衡解，对两家企业利润函数的整机价格求一阶导，得：

$$\frac{\partial\pi^1}{\partial p_A^1}=x+\frac{\partial x}{\partial p_A^1}\times p_A^1+\frac{\partial x}{\partial p_A^1}\times\left\{p_l^1\times Q_1\left[\frac{1}{2}\omega_1(q_1)^2, p_l^1\right]\right\} \tag{3.6}$$

将整机企业 1 的需求化解令

$$v_B^1(q_1, p_l^1)-v_B^2(q_1, p_l^2)=\Delta \mathrm{v_B};$$

$$p_l^1\times Q_1\left[\frac{1}{2}\omega_1(q_1)^2, p_l^1\right]-p_l^2\times Q_2\left[\frac{1}{2}\omega_2(q_2)^2, p_l^2\right]$$
$$=-\Delta p\Delta Q \tag{3.7}$$

$$x(p_A^1, p_A^2, p_l^1, p_l^2, q)=\frac{\Delta v_B-\Delta p\Delta Q+p_A^2-p_A^1}{2t}$$

$$=\frac{\Delta+p_A^2-p_A^1+t}{2t} \tag{3.8}$$

其中，$\Delta=\Delta v_B-\Delta p\Delta Q$

令利润对整机价格一阶导数为 0，可得到

$$\begin{cases}\frac{\Delta+p_A^2-p_A^1+t}{2t}+\frac{\partial x}{\partial p_A^1}\times p_A^1+\frac{\partial x}{\partial p_A^1}\times\left\{p_l^1\times Q_1\left[\frac{1}{2}\omega_1(q_1)^2, p_l^1\right]\right\}=0\\ \frac{-\Delta-p_A^2+p_A^1+t}{2t}-\frac{\partial x}{\partial p_A^2}\times p_A^2-\frac{\partial x}{\partial p_A^2}\times\left\{p_l^2\times Q_2\left[\frac{1}{2}\omega_2(q_2)^2, p_l^2\right]\right\}=0\end{cases} \tag{3.9}$$

联立方程组的解即整机价格分别为

$$\begin{cases}p_A^1=t-\frac{\Delta}{3}-\frac{1}{3}\times(2p_l^1+p_l^2)\\ p_A^2=t-\frac{\Delta}{3}-\frac{1}{3}\times(p_l^1+2p_l^2)\end{cases} \tag{3.10}$$

两家利润函数对售后零配件价格求解一阶导数得

$$\begin{cases}\frac{\partial\pi^1}{\partial p_l^1}=p_A^1\times\frac{\partial x}{\partial p_l^1}+\frac{\partial x}{\partial p_l^1}\times\left\{p_l^1\times Q^1\left[\frac{1}{2}\omega(q)^2, p_l^1\right]\right\}+\\ \qquad \mathrm{x}\times[Q+p_l^1\times(Q^1)']\\ \frac{\partial\pi^2}{\partial p_l^2}=-p_A^2\times\frac{\partial x}{\partial p_l^2}-\frac{\partial x}{\partial p_l^2}\times\left\{p_l^2\times Q^2\left[\frac{1}{2}\omega(q)^2, p_l^2\right]\right\}+\\ \qquad (1-\mathrm{x})\times[Q+p_l^2\times(Q^2)']\end{cases} \tag{3.11}$$

将整机需求量对零配件价格求偏导数：

$$\frac{\partial x}{\partial p_l^1}=\frac{1}{2t}\left[(v_B^1)'-Q^1-p_l^1\times(Q^1)'\right]$$

$$\frac{\partial x}{\partial p_l^2}=\frac{1}{2t}\left[-(v_B^2)'+Q_2+p_l^2\times(Q_2)'\right] \tag{3.12}$$

因此，令利润函数对售后零配件价格求解一阶导数为 0，并且通过化解可得（以整机企业 1 情况为例）：

$$[(v_B^1)'-Q_1-p_l^1\times(Q_1)']\times\left(t-\frac{\Delta}{3}-\frac{2p_l^1Q_1}{3}\right)+t\times[Q_1+p_l^1\times(Q_1)']=0 \tag{3.13}$$

最终化解为

$$[Q_1+p_l^1\times(Q_1)']\times\left(\frac{\Delta}{3}+\frac{2p_l^1Q_1}{3}\right)=(v_B^1)'\times\left(\frac{\Delta}{3}+\frac{2p_l^1Q_1}{3}-t\right) \tag{3.14}$$

由于 $\Delta=\Delta v_B-\Delta p\Delta Q$，根据激励相容原则，我们假定客户从经过维修后的电梯中所获得的效用与垄断整机企业进行维修后所获收益相等（即客户所得维修效用与整机企业维修收益相等），由此，令 $\Delta=0$，可以得到：

$$[Q_1+p_l^1\times(Q_1)']\times\frac{2p_l^1Q_1}{3}=(v_B^1)'\times\left(\frac{2p_l^1Q_1}{3}-t\right) \tag{3.15}$$

由此，可得垄断整机企业售后维保的单位收益 $p_l^1\times Q_1$，对其求维保单价的偏导数可得：

$$[Q_1+p_l^1\times(Q_1)']=\frac{(v_B^1)'\times(2p_l^1Q_1)-3(v_B^1)'\times t}{p_l^1Q_1}=0 \tag{3.16}$$

化解可得：

$$2p_l^1Q_1=3t \tag{3.17}$$

因此，我们发现，垄断整机企业售后维保的零配件价格（在折旧一定的情况下）与维保需求量通过双曲线呈现出负向相关的关系，在曲线的两侧分别代表了当前电梯维保市场的两种不和谐情况：

情况 1：维保价格极高与维保需求不足

整机垄断整机企业选择在售后维保市场定制高价的原因，主要可以集中在两个方面：①消费者锁定及声誉动机之中。根据相关学者的理论，对于大宗耐用品来说，售前的产品销售与相应的售后各类维保需求为组合商品。由于消费者的信息不完全性，通常在购买了整机电梯之后在一定程度上已经选择了其品牌公司的后续服务。由于消费者惯性的存在，在整机购买之后，消费者一定不会选择相对整机品牌次优的维保服务。②整机企业出于控制电梯的售前质量及售后维保质量的原因，通常会通过各种方式对相应的零配件销售渠道进行严格的控制，避免出现由于外部较劣的维保归咎于整机企业的情况，从而影响企业的声誉及发展。

从外资品牌、合资品牌及本土品牌的电梯企业的发展情况可以发现，越来越多的品牌电梯开始通过附加技术锁定的方式来锁定后续维保的需求量，由此带来的则为高额的零配件成本及相关的维保费用。此类高技术附加价值的电梯产品多出现于相应的高档场所，高维保价格并不一定带来低迷的维保需求。但是，考虑到当前电梯行业零配件配套不足的情况及电梯产品的精密性，相应的高额零配件价格直接影响到普通居民用梯的维保需求。由于物业管理的缺陷及电梯使用者维保意见的难统一，使得维保次数被不断压缩，由此所引发的电梯事故屡见不鲜。

情况 2：部分偏低的零配件价格与可能的过度维保问题

在电梯整机企业进行售后市场垄断的条件下，虽然不太可能出现降低维保价格的情况，但依旧不能排除其为了保持市场份额，通过降低相关零配件价格或是维保费用的方式，促使其扩大市场份额。在这样的情况下，相关电梯消费者（如物业或是某些商业电梯用户）会借以较低的维保价格，以及扎实的维保质量来进行过度维保，从中谋取额外收益。按照相关规定，电梯 15 天维保一次属于硬性条件，但是，每月这种频次的维保工作量太大，维保人员负担压力过大，责任感不强的就应付差事，导致维保流于形式、质量低下。由此，可能造成的过度维保副作用的隐患问题着实巨大。

三、售后竞争的社会福利分析

（一）其他假设

在电梯整机企业对售后市场进行垄断的情况下，电梯售后服务化逐渐由低阶向高阶转化，面向消费者问题的解决的服务的广度和深度也不断加大。电梯整机企业通常会对售后市场的前景进行预估，以此配置相应的售后服务资源，并依据企业品牌价值对服务体系的广度和深度进行决策，进而决定消费者售后服务的价值大小和问题程度。在一般情况下，电梯整机企业在与客户进行交易的过程中，客户可以选择不接受整机企业的附加售后服务，而寻求外部服务商提供的服务。

在售后竞争市场中，我们认为，电梯整机企业由于在售前通常具有对消费者的锁定效应，其提供的服务具有名义上的“附加性”；而对于后发进入市场的第三方维保企业，相较于电梯整机企业，以及维保行业其服务具有“衍生性”的后发优势。因此，第三方维保企业在实行衍生性服务的过程中，如何在电梯整机企业拥有竞争优势的情况下，挖掘消费者的维保需求，并保障其维保服务质量以获得售后市场是很关键的。其作用机理如图 3-2 所示。

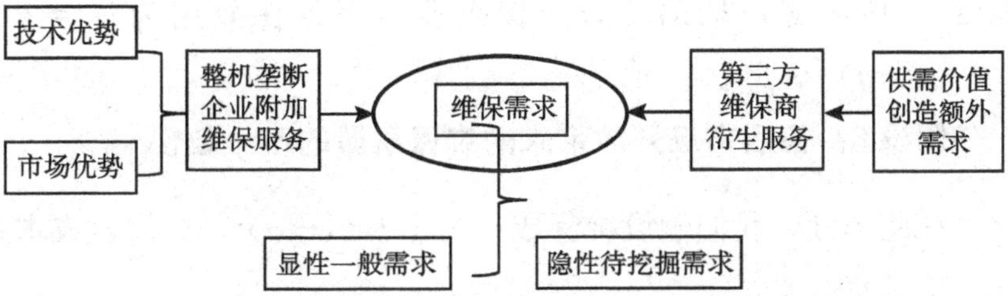

图 3-2　维保市场整机垄断企业和第三方维保商服务作用机理

因此，在上述假设的基础上，还做如下假设。

假设 6：将消费者的售后需求总量标准化为 1

由于售后市场处于竞争状态，消费者寻求第三方维保企业（假设市场中存在 n 家第三方同质独立维保企业，为了方便计算将其归总为 1。因此，在售后维保市场中，存在整机垄断企业的附加服务与第三方独立维保企业的衍生服务进行垄断竞争）。它们的技术、能力等的不同服务质量也有差异。为了更为直观地体现出不同维保主体之间服务广度和深度的不同，基于整机企业提供服务的质量（深度）、提供服务的价格与消费者寻求第三方维保企业提供服务的对比，令$\frac{p_C}{p_A}=\mu_p$，表示客户寻求第三方维保企业售后服务的价格与整机垄断企业提供的附加售后服务价格比。

假设 7：由于垄断厂商具有严密的技术锁定因素，因此选择整机垄断企业的附加维保服务的客户所获得的维保效用为 $v_B=\theta\times(1-q)-p_A$。

由于售后市场处于竞争状态，虽然客户可能寻求到价格低廉的服务，但随之由于维保质量的限制，使得其维保效果通常附带一定的危险系数 $1/\lambda$（为了避免倒数计算烦琐，这里越高的危险系数代表第三方独立维保企业对整机垄断企业的技术逼近程度），使得客户从第三方维保企业所得维保效用为 $v_C=\theta\times\lambda\times(1-q)-p_C$。

假设 8：售后市场开放带来的维保质量的不一致性

在此部分，我们假设维保成本为$\frac{1}{2}k(1-q)^2$，k 代表成本系数。由于售后市场的竞争性，第三方服务较容易获得，因而假定消费者的服务搜寻成本为 0。

假设 9：客户偏好 θ 衡量的是客户基于自身需求选择具有不

同质量的衍生服务业务的倾向性，即客户需求的异质性

考虑到整机垄断企业同其他第三方维保企业在质量上具有垂直差异性，客户偏好 θ 均匀分布在区间（0，1）。

因此，可以得到消费者接受整机企业附加维保服务，以及自我寻求第三方维保企业的效用分别为

$$\begin{cases} v_B=\theta\times(1-q)-p_A \\ v_C=\theta\times\lambda\times(1-q)-p_A\times\mu_p \end{cases} \tag{3.18}$$

（二）模型分析

根据假设，将售后市场售后服务的总需求量化为 1，我们认为，在售后市场处于竞争的情况下，售后市场具有合格维保资质的第三方独立维保企业能够满足客户的基本维保需求；但是，由于整机企业在技术上具有先发优势，一般情况下客户通常会由于信息不完全性等其他原因直接选择整机企业的附加服务。因此根据图 3-3 可知，只有当企业需求超过 θ 时，这部分高需求客户会去寻求第三方独立维保企业的服务（例如现实中消费者由于高额维保价格限制，宁愿花费搜寻成本也要寻求外部服务等），并且，客户从第三方独立维保企业提供的服务获得的效用至少不低于从整机企业提供的服务中获得的效用，才会选择第三方独立维保企业。

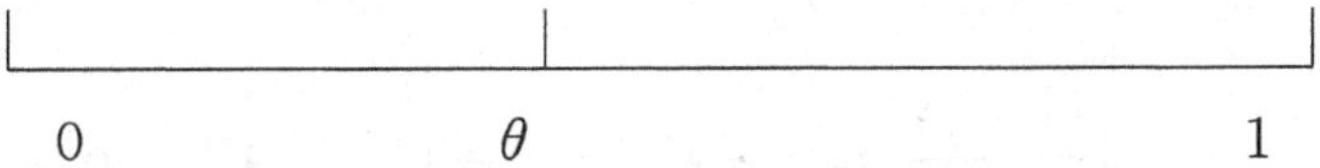

图 3-3　电梯产业售后市场 Hotelling 模型

对比双方的维保效用，由于 $v_B=v_C$ 可得：

$$\theta\times(1-q)-p_A=\theta\times\lambda\times(1-q)-p_A\times\mu_p \tag{3.19}$$

可以解得客户寻求两种服务的无差异点为

$$\theta=\frac{p_A\times(1-\mu_p)}{(1-q)\times(1-\lambda)} \tag{3.20}$$

整机企业的售后维保收益为

$$\pi_B = p_A \times \frac{p_A \times (1-\mu_p)}{(1-q)\times(1-\lambda)} - \frac{1}{2}(1-q)^2 \times p_A \tag{3.21}$$

对整机企业收益求一阶导数，有

$$\frac{\partial \pi_B}{\partial p_A} = \frac{1}{2} \times \frac{p_A \times (1-\mu_p)}{(1-q)\times(1-\lambda)} - \frac{1}{2}(1-q)^2 = 0 \tag{3.22}$$

由此可得到售后垄断价格为

$$p_A = \frac{(1-q)^3 \times \ (1-\lambda)}{1-\mu_p} \tag{3.23}$$

由此可得整机企业收益为

$$\pi_B = \frac{(1-q)^5 \times \ (1-\lambda)}{(1-\mu_p)} - \frac{1}{2}(1-q)^2 \times \frac{(1-q)^3 \times \ (1-\lambda)}{1-\mu_p} \tag{3.24}$$

第三方独立维保企业的收益为

$$\pi_C = p_A \times \mu_p \times \left[1 - \frac{p_A \times (1-\mu_p)}{(1-q)\times(1-\lambda)}\right] - \frac{1}{2}\lambda^2 (1-q)^2 \times p_A \tag{3.25}$$

将其化解，并且对危险指数 λ 求一阶导数可得：

$$\frac{\partial \pi_C}{\partial \lambda} = \frac{(1-q)^3}{1-\mu} \times \mu_p \times \left[1-(1-q)^2\right] - \frac{(1-q)^2}{2} \times \left\{\frac{(1-q)^3}{1-\mu_p} \times \left[-\lambda^2 + \ (1-\lambda) \ \times 2\lambda\right] = 0\right\} \tag{3.26}$$

化解得：

$$\frac{3}{2}(1-q)^2 \times \lambda^2 - (1-q)^2 \times \lambda + \mu_p \times \left[1-(1-q)^2\right] = 0 \tag{3.27}$$

（1）由式（3.27）可以得到，第三方独立维保企业的费用与整机企业的维保费用之比为

$$1>\mu_p>\frac{(1-q)^2}{6\times[1+(1-q)^2]} \tag{3.28}$$

此时，第三方独立维保企业的收益 $\pi_C>0$，由此，只需要保证

$$\lambda>\frac{1}{3} \tag{3.29}$$

第三方独立维保企业的收益在 $\left(\frac{1}{3}, 1\right)$ 上始终为增函数，即危险系数越低，第三方独立维保企业的技术水平越高，所带来的收益增值也越高。

（2）同理，对于第三方独立维保企业的费用与整机企业的维保费用之比为

$$0<\mu_p<\frac{(1-q)^2}{6\times[1+(1-q)^2]}<1 \tag{3.30}$$

求解第三方独立维保企业利润对危险指数一阶导数为 0 时的 λ，即可判定第三方独立维保企业的衍生服务在当前状态下的可行深度范围。第三方独立维保企业是否选择在业务内加大自身的服务深度，也就是其技术价值，其必要条件是其服务业务必须具备可获利性。

因此，对于第三方独立维保企业服务质量的第一种情况为

$$0<\lambda<\frac{1-\sqrt{1-\frac{6\mu_p}{(1-q)^2}+6\mu_p}}{3} \tag{3.31}$$

由于第三方独立维保企业的危险系数值较高，换言之，在其维保质量过低的情况下，其维保收益对危险系数呈现出减函数关系。其原因在于，由于过低的危险系数使得客户效用偏低，其市场价值缩减，但是依旧保有持续获利的能力。由于市场份额偏低，第三方独立维保企业对相关的零配件价格等其他硬性维保条

件并不存在价格上的优势，虽然能够通过压缩相关的人工维保费来保证其价格低于整机企业所提供的附加服务价格，但依旧使得收益并不能够弥补其成本支出。可以发现的是，在售后维保市场，规模经济对于收益的保有量依旧是必要因素；换言之，即使售后维保市场发展处于均衡态势，任何一方的技术水平及价格水平都不再具有先发优势和保有优势的情况下，处于规模经济的一方依旧能够位于行业领先水平。

对于第二种情况，第三方独立维保企业开始逐渐控制其维保的危险系数为

$$\frac{1+\sqrt{1-\frac{6\mu_p}{(1-q)^2}+6\mu_p}}{3}<\lambda<1 \tag{3.32}$$

对于一般的大宗精密性产品，整机企业在生产产品时处于防范“服务补救悖论”的考虑，都会确保投入高附加价值的部分，以此凭借先发优势来挖掘客户的隐性服务需求。电梯产业即为典型例子，在生产过程中尽可能地利用技术锁定优势来规避相应风险，后续积极挖掘相应的其他服务需求。因此，第三方独立维保企业同样为了规避相关风险，会专注于维保技术提高自身在维保行业的服务质量和口碑来扩展市场。也就是在式（3.32）中，第三方独立维保企业通过降低维保的危险系数带来的收益，使得客户获得了额外的价值创造体验。

因此，对于后续加入售后维保市场竞争的维保企业，需要考量自身维保对危险系数的控制对其收益的影响。一味地提高服务质量并不一定能够提高其绩效，反而有可能导致第一种情况的“服务悖论”，也就是维保企业对服务质量的投资并不能带来绩效的提升。对技术的过度追求超过了自身的承载范围，进而会面临高于其他维保企业的运营风险。因此，第三方独立维保企业在危险系数的控制上，需要控制在使其有利润的一定范围上。

（三）比较分析与数值模拟

在整机企业对售后市场进行完全垄断的情况下，市场中的维保需求被整机企业完全占领；但是，在第三方独立维保企业加入情况下，部分消费者需求被第三方独立维保企业截获。因此，第三方独立维保企业的收益为

$$\pi_C = p_A \times \mu_p \times \left[1 - \frac{p_A \times (1-\mu_p)}{(1-q)\times(1-\lambda)}\right] - \frac{1}{2}\lambda^2(1-q)^2 \times p_A$$

$$s.t.\begin{cases} p_A = \dfrac{(1-q)^3 \times (1-\lambda)}{1-\mu_p} \\ \mu_p \\ \lambda \end{cases} \tag{3.33}$$

当整机企业原本可以完全占领售后市场的情况下，收益为

$$\pi_B = \frac{(1-q)^5 \times (1-\lambda)}{(1-\mu_p)} - \frac{1}{2}(1-q)^2 \times \frac{(1-q)^3 \times (1-\lambda)}{1-\mu_p} + \pi_C \tag{3.34}$$

从第三方独立维保企业的收益中可以发现，整机企业的售后维保服务收益不断受到来自第三方独立维保企业的冲击。相较于整机企业在前段生产链上的创新压力及销售压力，独立维保企业越明确市场定位，以及后来居上的技术水平增进在其市场价格的优势下不断地得到体现。因此，在一般的电梯技术具有较强的技术外溢性的前提下，越来越多的小型维保企业开始进入行业并瓜分市场。

（四）考虑反现实情况以及讨论

按照一般现实市场情况，整机企业的维保服务价格及质量理应都处于行业标杆水平，其他第三方独立维保企业不论在价格及技术水平上都不容易超过整机企业的附加维保服务。但是，

我们必须考虑一种反现实[①]状况，也就是第三方独立维保企业的衍生服务带来的客户维保效用极大超过了整机企业的附加服务效用。

在这种情况下，整机企业由于其售后维保服务的定位模糊，使其原本应该有的技术优势并不凸显，反而可能出现维保技术质量低下的情况。如此，由于整机企业资源在生产与售后上分配不均、经验缺乏及管理能力的不足等原因，可能造成整机企业的附加维保服务的需求有可能被独立维保企业抢占。而第三方独立维保企业由于自身定位与客户的接触距离相对较近，能为消费者提供较为便捷且价优的维保服务。在这种情况下，整机企业应在先做大做强售前环节的同时，选择直接外包售后维保服务的企业策略。

第五节　电梯产业售后市场政策及规制建议

一、现有政策评述

2003年3月11日，国务院颁布了《特种设备安全监察条例》，其中包括了对电梯行业一系列的诸如生产制造、维修方面的规定，标志着国家正式对电梯行业产业链的监督。从2003年至今，对电梯产业售后的规范主要分为两类：一是以2003年3月11日颁布的《特种设备安全监察条例》和2013年6月颁布的

① 这里指的反现实情况存在两种可能：第一，在整机企业的发展初期，在电梯行业并未处于完全成熟的状态下，整机企业对其相应的附加服务进行不同程度的投资会产生不同情况的服务方案及收益结果；第二，还需要考虑整机企业由于存在服务盲区，并不一定能够满足消费者的全部需求，从而一味地扩大附加服务的广度，使其原本规模经济的竞争优势不再凸显。这样的反现实在现有电梯市场上并不一定存在，但是却能够在一些中小型电梯企业存在的整体服务水平不足情况下，使得其售后市场份额不具竞争力。

《特种设备安全法》为代表的综合规范；二是以 2016 年 2 月颁布的《电梯主要部件报废技术条件》、各省市地区分别颁布的《电梯安全监督管理规定》，以及 2017 年 11 月进行第三轮修改意见整合的《自动扶梯与自动人行道主要部件的报废技术条件》为代表的用于专门规范电梯售后的相关规定。因此，对上述相关规定进行整合，可以将现有中国电梯售后规范总结为如下几部分。

（一）按章维保，依法保修

上述相关规定对电梯售后的维修检测做了严格的规定，主要是针对维保企业及被维保单位的规范。对于维保主体①主要从两方面规定了准入门槛：一是对相关维修检测人员的素质做了规范标准，要求维保人员专业素质合格并且公平公正，检验、检测工作应当符合安全技术规范的要求；二是对被维保单位②的规范，要求被维保单位在电梯售后不论出现问题与否都不得擅自进行维修保养，更不能进行独立的改装等行为。对于违反上述行为规范，由特种设备安全监督管理部门进行监督并且严厉处置。在这样严格的售后维保规定下，提高准入门槛不仅能够规范维保企业，使其通过提高服务质量进行售后竞争，可减少或杜绝维保企业之间的恶性价格竞争。

另外，《特种设备安全法》在《特种设备安全监察条例》的基础上，对售后的相关规定做了补充③：一是对维保人员的准入门槛做更为严格规定，例如在基本素质要求之上，要求其不得在两个以上的检测机构同时从业。二是对特种设备安全监督管理的部门也增加了规范要求，要求管理部门在做到监督处置的同时，

① 涉及的规定主要集中在《特种设备安全监察条例》的第四章检验检测和第五章监督检查及第七章法律责任。

② 涉及的规定主要集中在《特种设备安全监察条例》的第七章法律责任。

③ 相关规定主要集中在《特种设备安全法》的第三章检验、检测。

需要定期对电梯和相关维保检测机构进行抽查并进行公开等。这些规定能够避免在出现事故之后，电梯制造企业、服务维保企业和其他相关主体之间相互推诿责任，确立了企业承担安全主体责任、政府履行安全监管职责和社会发挥监督作用三位一体的特种设备安全工作新模式，也避免了之前相关事故发生后无法归责，要政府为此“买单”的现象。在《特种设备安全法》和《特种设备安全监察条例》双管齐下的背景下，能使得维保企业树立安全意识，增强自身维保质量。

此外，在《安全法》和《监察条例》的基础上，各地的《电梯安全监督管理规定》结合当地情况，针对电梯行业相关问题自主进行修改并且颁布。南京市最早于2001年9月7日颁布了《南京市电梯安全监察和质量监督办法》,[①] 其中主要对售后的相关规定涉及对电梯的检测，以及相关法律责任的界定，其他省（直辖市、自治区）相继出台管理规定，规制电梯售后的安全服务。

（二）细化规范

相较于《特种设备安全法》和《特种设备安全监察条例》对以电梯为代表的特种设备的规范，2016年2月颁布的《电梯主要部件报废技术条件》，以及在2017年11月进行的《自动扶梯与自动人行道主要部件的报废技术条件》编制组第三次工作会议的召开则从电梯零配件报废为切入点，落实于电梯的售后维保。《电梯主要部件报废技术条件》规定了“安全保护装置、紧急救援装置、井道安全门和活板门、驱动主机、轿厢、层门和轿门、电气控制装置”等13项对电梯安全运行影响较大的电梯主要部件报废技术条件。电梯事故频发背后的原因多种多样，除了使用者的人为因素，电梯的亚健康运作实为突出原因。近年来，在电梯数量

① 信息来源：《南京市电梯安全监察和质量监督办法》南京市人民政府网站，2001-09-07。

迅猛增长的情况下，伴随着老旧电梯数量的增多，并且由于相应建筑的原因，以及电梯消费者与使用者分离的原因，使得电梯的维保及报废程序极为复杂。通过制定电梯主要部件报废技术条件，就能对主要部件的报废与否进行准确判定，[①] 一是可以减少不需要的维保费用，降低维保风险；二是可决定电梯整机是否需要报废。

除了对大宗特种设备的综合规范的《特种设备安全法》《特种设备安全监察条例》，以及依据电梯零配件报废规定来指导售后正确维保的《电梯主要部件报废技术条件》等规范条件以外，国家质检总局及各地方质检局相继出台针对性更强的规范。例如国家质检总局发布的《电梯监督检验和定期检验规则——曳引与强制驱动电梯》从2009年12月1日进行第一版修改，至2017年6月20日已进行了第44版修改，其中对于特种的曳引与强制驱动电梯的相关检测内容做出了相比总和规范更为详细的界定。对于住宅建筑增设电梯及后续的维保规定，南京市人民政府颁布了《既有住宅增设电梯实施办法》。[②] 此外，最高人民法院2015年9月16日印发了《最高人民法院关于充分发挥审判职能作用切实维护公共安全的若干意见》（简称《意见》），《意见》旨在严惩电梯等行业领域危害安全生产犯罪，[③] 对预防售后出现对电梯的人为损害进行了规范。

二、电梯售后市场规制政策建议

通过前面理论分析可知，在存在整机制造的自保维修企业的

① 陈波，华雨佳．电梯是否报废，看看13项主要部件［N］．绍兴晚报，2015-08-11.

② 信息来源：《既有住宅增设电梯实施办法》，南京市人民政府网站，2016-09-30；生效日期：2016-11-10。

③ 相关内容整理自《最高人民法院关于充分发挥审判职能作用切实维护公共安全的若干意见》第三部分：“依法惩治危害安全生产犯罪，促进安全生产形势根本好转”第7点。

情况下，电梯的第三方独立维保企业存在“服务悖论”，一直提高服务质量并不一定能够提高其绩效，反而会面临的风险。因此，在竞争激烈的售后市场，存在第三方独立维保企业不顾控制危险系数而追求绩效的情况，危险系数大，意味着消费者要遭受电梯风险而损失剩余。电梯运行“三分靠产品、七分靠维护”，在维保企业供过于求的现状下，低价抢单、无形竞争而放弃对危险系数的控制是影响电梯维保质量主要原因。因此，售后维保市场的无序竞争的规范改革可从以下几个方面进行。

1. 出台电梯零后零配件指导价

电梯售后维保价格包括两个部分：零配件价格和维保服务价格。其中零配件价格是由整机制造企业及其自保维修企业垄断的。一方面，维保零配件垄断有利于更好地保证电梯的维保质量；另一方面不利售后市场充分竞争。因此，为防止零配件价格垄断而采用危险系大的零配件（非正规渠道的零配件），造成安全隐患，规制部门应要求各电梯制造企业提供各种零配件的零售价和批发价，并允许在零售价和批发价的基础上合理上浮一定幅度的价格向下游第三方独立维保企业提供零配件。

2. 出台电梯维修服务指导价格

根据地方经济发展水平、平均工资水平，以及每部电梯的月均维保次数和维保商运行成本，制定与当地收入水平相应适的电梯维修服务价格。可以借鉴北京、广州、深圳等地已出台的电梯维保指导价来规范电梯维保服务收费。2010 年北京市电梯商会发布了《电梯日常维护保养收费标准（市场指导价）》，对各种类型的电梯使用年限、楼层系数、企业系数等服务收费做出明确细致的标准，使电梯售后服务收费有一个依据。

3. 防止售后市场过度竞争

阻碍电梯售后市场合理发展的最大限制在于市场的过度竞争

问题严重，由此带来的低价竞争成为了严重恶性循环。

（1）控制“小、散、乱”，做大做强维保品牌，鼓励有实力的第三独立维保企业实施跨区域连锁经营。以北京为例，2016年北京业务量500台以下的维保企业有150多家，占维保企业总量的65.2%。但是，握有千台及以上维保订单的更为大型的维保企业却屈指可数，这说明电梯维保行业市场集中度较低，从而导致了在订单量维持在数百台左右的维保企业进行恶性价格竞争和降低服务质量。因此，北京市质监部门为了解决电梯售后市场“小、散、乱”的问题，关停和淘汰了相关管理水平不合格、业务质量低下的维保企业，通过提高从业门槛将维保企业从300家降至200余家。

（2）推动有实力的第三方独立维保企业与各个品牌电梯制造企业建立售后服务战略联盟。在电梯售后零配件指导价和电梯维修服务指导价格的条件下，实力雄厚的第三方独立维保企业与品牌电梯制造企业建立战略联盟，有契约和制度保障，能理顺零配件供应关系，能提高售后维保质量。

（3）允许部分必要垄断。电梯售后维保市场是否需要垄断一直争议较大，但在电梯售后市场过度竞争的情况下，为保障售后市场维保质量，给人民群众提供安全稳定的电梯运营质量，可以考虑允许一部分品牌电梯制造企业进行部分必要的垄断。比如，出于对合理的专利技术的保护及维保安全的考虑，各个电梯品牌的核心技术应当对后续的相关应用零配件进行垄断，以免出现品牌电梯制造商核心技术流失和丧失核心竞争力的问题。同时，在允许部分必要垄断的前提下，要严格第三方独立维保企业零配件进货渠道，要求维保零配件必须要从品牌制造商渠道获得，防止其投机性、以次充好行为，防止出现安全事故。

4. 建立全国性的电梯售后维保信息平台

规制要建立一个全国性的电梯售后维保信息平台，把全国各个电梯的维保企业及维保责任人、每次维保具体内容（包括零配件更换、服务内容等）、维保费用、电梯事故（包括时间、原因等）等纳入信息平台。规制平台的维保信息，规制机构每年向公众发布各个维保企业维保质量排名，以此来激励维保企业提供维保质量。

5. 鼓励和引导电梯制造企业向智能化转型

要引导电梯制造企业生产智能联网电梯，利用数字技术对电梯的运行状态、出现问题的症结进行精准分析、诊断和识别。或者为电梯装设“黑匣子”，以便随时记录电梯运行、维修保养及故障发生情况等。一旦电梯发生故障，将可通过电梯信息监测平台了解电梯的运行故障及故障原因，及时维修和解救被困人员。

第四章　中国空调产业售后市场垄断的福利效应及反垄断政策

本书的空调主要是指家用空调，不包括中央空调、工商业制冷设备等广泛意义上的空调。家用空调属于一种耐用品，有耐用品的一般属性。虽然其占整个家庭消费的比重相比汽车要小得多，但因为使用时间较长，[①] 也有零配件更换、维护保养服务的售后市场。值得注意的是，家用空调销售时只是半成品，需要在消费者家中完成联机安装，才能实现最初的标示功能，所以说安装是空调售后服务的重要步骤。此外，空调售后服务时效性要求最大，同时受使用环境与消费者使用习惯影响。

在国家出台了“家电下乡”“以旧换新”和“节能惠民工程”等刺激政策之后，中国空调行业零售量大幅增长，居民可支配收入的提高也使居民空调保有量不断增加。在这一过程中，因为小病大修、随口定价等高价售后问题，消费者对空调售后服务的不满意投诉，甚至起诉的案例也越来越多。其中，一个不可忽略的原因就是空调售后市场是一个垄断市场。因此，本章试图在理清空调产业的纵向产业链、市场结构及主要纵向控制方式的基础上，用一个合理的经济模型解释空调产业售后市场垄断的福利损失，最后为当前空调产业售后政策及其改革提出相应的建议。本章内容具有理论和现实意义。

① 国家规定空调的使用寿命不少于12年，一般厂家的标准是15～20年。

第一节　空调产业纵向产业链

空调产业的纵向产业链是由多个关联又相对独立的产业构成的完整链条。但是不管是由多少个相关联的产业环节构成，我们都可以将其分解为上下游关联市场间的关系。

空调产业的纵向产业链如图 4-1 所示，除了空调制造商之外，还包括上游供应商、下游经销商和终端用户。具体而言，除了个别空调制造商通过后向一体化兼并零配件供应厂商可以自制部分零配件之外，绝大多数空调制造商并不会生产原材料和零配件，往往是采用外部采购的方式，上游供应商和空调制造商构成了原材料和零配件采购市场（市场 A）。除了自营渠道外，空调制造商主要是通过专业经销商把产品销售给终端用户，所以空调制造商和下游经销商相互间构成了空调分销市场（市场 B）。终端用户从专业经销商手中购买空调，因此下游经销商和终端用户之间构成了零售市场（市场 C），实际上这些都是售前市场。然而，经销商不仅是空调制造商的分销渠道，而且还是经空调制造商授权的售后服务代理商，经销商垄断着空调的售后服务，经销商和终端用户之间也构成了售后市场。

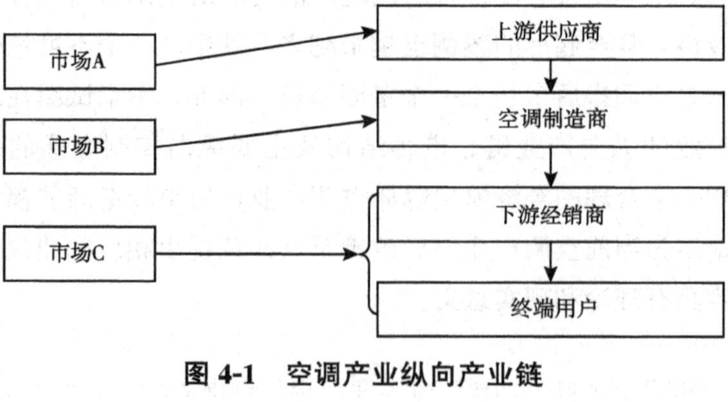

图 4-1　空调产业纵向产业链

单独从空调产业来看，可以将家用空调的生命周期划分为四个阶段。

第一阶段是导入期，即产品从设计、投产直到投入市场，进入测试阶段。由于生产技术方面的限制，使得空调生产批量小，制造成本高，广告投入大，导致产品销售价格较高。此时空调还属于奢侈品的范畴，空调销量极为有限，以至于空调制造商很难获利，最赚钱的是上游供应商。

第二阶段是成长期，当产品生产进入导入期，销售取得成功之后，便进入了成长期。此时空调生产成本大幅下降，行业利润迅速增长。与此同时，潜在进入者看到有利可图，便纷纷进入空调市场参与竞争，使得产品同质化现象严重。空调制造商之间相互竞争的时候非常容易发生价格战和渠道战，最重要的是要通过扩大生产来获得规模经济。空调价格随之下降，空调制造商利润增长速度逐渐放慢，最后达到生命周期利润的最高点。

第三阶段是成熟期，即产品进入大批量生产并稳定地进入市场销售。经过成长期之后，随着购买空调的人数增多，市场需求开始趋于饱和。此时，随着空调生产日渐标准化和居民空调使用不断普及，空调销售增长速度缓慢乃至下降，导致同类产品制造商不得不通过产品品质拉开档次。整个市场由价格领先战略转向产品领先战略，空调制造成本随之上升。这也让那些高生产成本的空调制造企业被迫退出市场，行业集中度大幅提升。目前中国的空调产业正处于这一阶段，未来空调行业的增长将表现为平稳发展，行业内企业两极分化趋势继续扩大、企业间重组兼并步伐加快，空调行业的寡头竞争时代将要到来。

第四阶段是衰退期，即产品进入了淘汰阶段。随着技术的发展和居民消费习惯的改变，产品的销售量和利润持续下降。原来的产品在市场上老化，不能适应市场需求，而且市场上已经出现其他性能更好、价格更低的新产品。比如说窗机，现在窗机基本上被分体机取代。

下面具体从上游供应商、空调制造商、下游经销商和终端用户四个方面来具体分析空调产业纵向产业链情况。

一、上游供应商

空调制造商的上游供应商有两类：一类是基础性原材料供应商，主要包括钢材、铝材、铜材、ABS 塑料等；另一类是核心零配件供应商，主要包括压缩机、电机、两器（蒸发器、冷凝器）等。

表 4-1 是以格力空调为例的空调成本构成情况，从中可以发现，核心零配件和基础性原材料合计成本占整机比高达 85%左右。其中，在零配件成本中占比最高的是压缩机，铜材则在原材料成本中占比最高，所以压缩机生产商与铜管生产商是空调制造商上游供应商中最大的交易者。

表 4-1　空调的成本构成

零配件和原材料	成本占比（%）	说明
压缩机	27	将低压气体提升为高压气体的流体机械
电　机	8	实现电能转换或传递的电磁装置
两器（蒸发器和冷凝器）	17	实现空调的制暖和制冷
钢　材	5	使用在钣金、压缩机、电机和空调外壳上
铝　材	5	使用在蒸发器、冷凝器上
铜　材	17	使用在蒸发器、冷凝器、配管和阀件上
ABS 塑料	5	使用在面板、底壳上
其　他	16	人工费、包装等

数据来源：格力电器 2012 年增发 A 股招股意向书。

二、空调制造商

空调制造商是空调产业链的核心，空调制造商主要负责空调的技术研发、整机制造和售后服务提供。

技术研发是企业创新的灵魂，只有创新才能使企业长久地立足于社会。中国家用空调技术经过 20 多年的发展，整体技术水平已经有了很大的提高，与发达国家品牌的差距逐渐缩小。目前，中国空调制造商已经掌握了空调降噪、模糊控制、制冷剂替代、变频变容、空气清新、抗菌等先进技术，甚至在低温热泵技术和智能化霜等方面的研发已经走在世界前列。目前空调向智能化方向变革。

在空调整机制造方面，从 2015 年以来，中国空调产业的产量占全球总量的 80％以上，即使在 2020 年新冠肺炎疫情冲击的情况下，中国的家用空调产量也达 1.4 亿台，占全球的 82.7％。中国是名副其实的全球空调生产基地。

表 4-2 显示，2010—2020 年中国家用空调产 量总体上在不断增加，2020 年是 2010 年近两倍。特别是 2009 年空调被纳入“家电下乡”政策补贴产品之后出现了较快增长，而随着政策效应的逐渐消失及国内空调市场开始走向供过于求的饱和状态，产量增加慢慢趋于缓和。

表 4-2　2010—2020 年中国家用空调产量

年份	产量（万台）	同比增长（％）	年份	产量（万台）	同比增长（％）
2010	10887	34.77	2016	14342	1.00
2011	13912	27.79	2017	17861	24.54
2012	12398	－10.88	2018	20955	17.32
2013	13069	5.41	2019	21866	4.35
2014	14463	10.67	2020	21035	3.80
2015	14200	－1.82			

数据来源：国家统计局。

值得注意的是，零配件更换和维护保养服务贯穿了家用空调的整个使用周期，其质量不仅决定家用空调的使用寿命，而且直接影响家用空调的能源消耗。同时，维修保养数据也为空调技术更新升级提供第一手资料，更肩负着提高终端用户满意度和品牌信誉度的重任。

总的来看，中国的空调市场缺乏配套的售后服务体系。空调制造商为确保自身利益，应对同类产品高度同质化情况下激烈的市场竞争，在生产的同时不得不建立自己的售后服务网络。

目前，空调制造商提供售后服务的方式主要有两种：一是空调制造商投资建立售后服务站，直接为用户提供售后服务。这样空调制造商能够利用用户对其信任的优势和技术配件资源，开拓维修保养市场。但因为成本较高，售后服务价格也高。品牌空调制造商为了降低管理成本，也多委托特约维修站代理售后服务。二是空调制造商委托经销商为用户提供售后维保服务。但是经销商的主要业务是销售空调产品，他们往往廉价转包给市场上的第三方独立维保商，导致售后服务质量较差。

三、下游经销商

家用空调通过各种销售渠道到达终端用户手中，最终达到价值实现，因此流通渠道的格局和发展态势直接影响空调企业的销售。近年来，在逐步整合规范中，空调销售渠道逐渐呈现出大型家电连锁卖场、专业经销商、百货商场、品牌专卖店、网上电子商务等多种业态并存的格局。随着销售网络化，许多大型家电连锁卖场、专业经销商、专卖店在电子商务网上开设了家电销售渠道，有的甚至建起了家电网上商城，如苏宁。

四、终端用户

根据智研咨询的《2019 年中国家电批发行业发展现状及发展

趋势分析》，2018年中国城镇家庭平均每百户（部分）空调拥有量142.2台，农村家庭平均每百户（部分）空调拥有量65.2台。相比城镇市场，中国农村空调市场还有很大的空间。2013年每百户家庭的空调拥有量仅为28.3台。随着乡村振兴和新型城镇化的发展及城乡收入差距的逐步缩小，农村空调市场潜力会不断释放。

随着居民空调保有量不断增加，空调售后市场上用户对零配件更换、维修保养服务的需求也不断增加。

第二节　空调产业纵向约束方式

厂商和厂商的纵向关系存在两个极端和一个中间情况，两个极端分别是纵向一体化和没有管制的市场交易关系，位于中间的纵向限制竞争行为就是纵向约束。与竞争者之间的横向约束不同，纵向约束的特点协议双方的给付具有互补性，即其中一方提供商品，另一方支付价格。纵向约束的影响具有两面性，既可能有利于提高经济效率，又可能限制、排除市场竞争。而我们这里所说的空调产业纵向约束，主要指的是空调制造商与下游经销商之间的纵向限制竞争行为。非纵向一体化的空调制造商可以与下游经销商签订长期的、具有约束力的合同，合同中就销售的价格、销售区域、其他条款或行为方式做出明确规定，这种合同约束就是纵向约束。纵向约束也属于一种策略性行为，它将影响空调制造商与下游经销商的决策和行为。

由于下游经销商通过垄断加成不仅会降低空调的销量，而且额外获得的利润归属于下游经销商，可见双重加价对空调制造商来说并不是好事。因而空调制造商在与下游经销商签订合同时除了要求经销商支付产品价格以外，还可能对经销商的行为施加纵向约束，包括最高转售价格维持、销售的最低数量和两部定价等。

缓解下游经销商之间过度竞争也是空调制造商实施纵向约束的理由之一。一个经销商进行降价对其他经销商具有负外部性，使得其他经销商的一部分用户流向降价的经销商。其他经销商为了稳定用户，也不得不采取降价的策略。这会陷入一个降价的怪圈，不仅破坏了零售阶段的利润，而且还损害了空调制造商的利益。因此空调制造商希望通过纵向约束来处理下游经销商之间的过度竞争问题。

另外，空调制造商实施纵向约束也是为了防止经销商之间的搭便车行为。例如，有几家独立的下游经销商销售同一家空调制造商的产品时，其中有一家经销商对该空调制造商的产品花费高额成本进行了大量的广告宣传，那些没做广告的经销商也能从这家经销商的广告行为中获益而不进行任何补偿。在这种情况下，任何经销商都没有动机投入成本进行销售推广。由于搭便车减少了下游经销商推销空调制造商产品的动机，空调制造商就有可能通过纵向约束来解决搭便车问题，如最低转售价格维持、划定独占区域、制造商代表经销商做广告或对经销商的销售努力进行补偿等。

本部分将主要分析空调制造商纵向约束中的转售价格维持、价格歧视、独占区域和排他性交易，并分析它们的福利效果。

一、转售价格维持

转售价格维持体现在空调制造商与下游经销商达成限制其产品对终端用户的零售价格，常见有最低转售价格维持和最高转售价格维持。面对下游经销商再垄断加成的双重加价问题，空调制造商实施转售价格维持可以使得产品最终价格等于空调制造商的垄断价格。实施最低转售价格维持还能降低搭便车行为的存在，让下游经销商致力于提供更多的服务。为了分析最低转售价格维持的作用，这里考虑一个拥有单个空调厂商（用 m 表示）和两个同时销售该厂商产品的竞争性下游经销商（用 a 和 b 表示）的市场。这两个下游经销商的选址符合 Hoteling 模型，并且在不施行转售价格维持时会在价格和服务上进行竞争。定义空调制造商的单位生产成本是 c，批发价格是 w，经销商 i 的空调零售价格为 p_i，服务成本为 s_i，对空调的需求为 q_i，其中 $i\in\{a, b\}$。为了使分析简便且不失一般性，假定经销商的销售成本为零。这样，经销商 i 的利润可以表示为

$$\pi_i(p_a, p_b, s_a, s_b) = (p_i - w)\,q_i(p_a, p_b, s_a, s_b) - s_i \tag{4.1}$$

空调制造商的利润则为

$$\pi_m(p_a, p_b, s_a, s_b) = (w - c)\left[q_a(p_a, p_b, s_a, s_b) + q_b(p_a, p_b, s_a, s_b)\right] \tag{4.2}$$

在不实施转售价格维持的情况下，空调制造商只能制定批发价格 w。下面将这个解与空调制造商同时制定批发价格和最低转售价格维持时的解进行比较。空调制造商和下游经销商的总利润函数为

$$\Pi(p_a, p_b, s_a, s_b) = (p_a - c)\,q_a(p_a, p_b, s_a, s_b) + (p_b - c)\,q_b(p_a, p_b, s_a, s_b) - s_a - s_b \tag{4.3}$$

产业利润最大化的一阶条件为 $\partial\Pi/\partial p_i=0$ 和 $\partial\Pi/\partial s_i=0$。根据式（4.3），经销商 i 的利润可以变换为

$$\pi_i(p_a, p_b, s_a, s_b) = \Pi(p_a, p_b, s_a, s_b) - (w - c)\,q_i(p_a, p_b, s_a, s_b) - (p_j - c)\,q_j(p_a, p_b, s_a, s_b) + s_2 \tag{4.4}$$

当批发价给定时，每个经销商选择 p_i 和 s_i 来最大化利润，一

阶条件为

$$\begin{aligned}&\partial\pi_i/\partial p_i\\&=\partial\Pi/\partial p_i-(w-c)\ \partial q_i/\partial p_i-(p_j-c)\ \partial q_j/\partial p_i\\&=0\end{aligned} \tag{4.5}$$

$$\begin{aligned}&\partial\pi_i/\partial s_i\\&=\partial\Pi/\partial s_i-(w-c)\ \partial q_i/\partial s_i-(p_j-c)\ \partial q_j/\partial s_i\\&=0\end{aligned} \tag{4.6}$$

如果一阶条件的最后两项相互抵消，经销商得到的解实际上就是空调制造商和下游经销商的整体利润最大化了。具体而言，一阶条件的第二项涵盖了价格和服务水平的纵向外部性，只随着批发价的上升而变大；一阶条件的第三项表示横向外部性，这来自经销商之间的竞争，但并不会改变下游经销商的总利润。假定空调制造商可以设定使这两种外部性正好相互抵消的批发价格 w，我们联立最后两项得到

$$\begin{aligned}&(\partial q_j/\partial p_i\times p_i/q_j)\ /\ (\partial q_i/\partial p_i\times p_i/q_i)\\&=(\partial q_j/\partial s_i\times s_i/q_j)\ /\ (\partial q_i/\partial s_i\times s_i/q_i)\end{aligned} \tag{4.7}$$

然而，现实中式（4.7）是无法成立的，往往是等号左边大于右边。这是因为终端用户对价格竞争要比服务竞争更敏感，下游经销商如果要吸引竞争对手的用户，提高服务水平不如降低价格的作用大。这样的话，下游经销商更倾向于进行价格竞争，那么空调制造商需要设置一个价格下限来提高空调的零售价格并激励经销商投资于提高服务水平，也有效解决了其他经销商的搭便车问题。当然，转售价格维持也有可能带来反竞争效应。实施转售价格维持相当于固定了产品的零售价格，这会限制下游经销商的定价权，从而削弱了市场的竞争。

二、独占区域

独占区域体现在空调制造商分配给各下游经销商特定的地理区

域作为独家经营区域，不允许其他分销商在该地区经营的做法。独占区域是特许经营的一种极端形式，空调制造商在特定地区只保留一家经销商独家经营其产品。独占区域调动了经销商销售空调的积极性，并阻止了某一经销商利用另一经销商在销售方面的努力而搭便车的行为。即使独占区域为下游经销商带来了市场势力从而降低了产量，空调制造商也有激励提供这样的协议，因为它使经销商的需求弹性下降，从而减少了下游经销商的竞争。下面，以一个涉及两个空调制造商生产空调 $i\in\{a, b\}$、两个区域 $r\in\{1, 2\}$ 且各区域内均为线性需求的价格竞争模型来论证这一效果。

假设每个区域的每种空调品牌只有一个经销商，并且经销商在其他区域销售时不存在运输成本。为了使分析简便且不失一般性，假定每个空调制造商的单位生产成本相等且为零，同时每个经销商的销售成本为零。如果没有独占区域的存在，相同空调品牌的经销商之间就会进行 Bertrand 竞争，空调在这两个区域内都以批发价销售。即

$$p_{i1}=p_{i2}=w_i \tag{4.8}$$

也就是说，下游经销商之间是完全竞争的，空调制造商可以按照寡头垄断模型来定价。区域 r 的市场需求为

$$q_r=\alpha_r(1-p_{ir}+\beta p_{jr}) \tag{4.9}$$

其中，$i\neq j\in\{a, b\}$，$r\in\{1, 2\}$；α_r 表示每个经销商区域 r 中的市场份额，且 $\alpha_1+\alpha_2=1$；β 反映这两种空调品牌产品的不完全替代性，$0\leqslant\beta<1$。所以每个空调制造商的利润函数可为

$$\pi_i=w_i(1-p_{ir}+\beta p_{jr}) \tag{4.10}$$

空调制造商通过制定 w_i 来实现利润最大化，在两个空调制造商制定的批发价相等的情况下，结合式（4.8）可以求得空调的批发价及均衡价格为

$$w^*=p^*=1/(2-\beta) \tag{4.11}$$

此时下游经销商的利润为零，每个空调制造商的利润则为

$$\pi_m = 1/(2-\beta)^2 \tag{4.12}$$

现在假设这两个空调制造商给每个下游经销商设定独家经营区域。空调制造商和下游经销商进行两阶段博弈：在第一阶段，空调制造商制定批发价格实现利润最大化；在第二阶段，下游经销商根据空调制造商的批发价格，确定最优的零售价格实现利润最大化。我们下面用逆向归纳法进行求解。

在市场份额为 α_r 的区域 r 中，空调 i 的经销商的利润函数为

$$\pi_r = \alpha_r (p_{ir} - w_i)(1 - p_{ir} + \beta p_{jr}) \tag{4.13}$$

利润最大化的一阶条件为

$$\partial \pi_r / \partial p_{ir} = 1 - 2p_{ir} + \beta p_{jr} + w_i = 0 \tag{4.14}$$

在同一区域内，空调 i 的经销商并不能观察到空调 j 的经销商的进价，只能对这个价格进行预期。由于经销商销售的产品同质，所以每个经销商都相信同一区域内竞争对手的均衡批发价格是 w^*。综合同一区域内两个经销商利润最大化的一阶条件，可以得到最优的空调零售价格为

$$p_{ir}(w_i, w^*) = [\beta(1+w^*) + 2(1+w_i)] / (4-\beta^2) \tag{4.15}$$

如果 $w_i = w^*$，即两个空调制造商制定相同的批发价，式（4.15）可化为

$$p_{ir}(w^*, w^*) = (1+w^*) / (2-\beta) \tag{4.16}$$

在区域 r 中空调 i 的制造商的利润函数为

$$\pi_i = w_i [1 - p_{ir}(w_i, w^*) + \beta p_{jr}(w_i, w^*)] \tag{4.17}$$

利润最大化的一阶条件为

$$\begin{aligned} \partial \pi_i / \partial w_i &= 1 - p_{ir}(w_i, w^*) - w_i \\ &\quad \times \partial p_{ir}(w_i, w^*) / \partial w_i + \beta p_{jr}(w_i, w^*) \\ &= 0 \end{aligned} \tag{4.18}$$

因为均衡时 $w_i = w^*$，且 $\partial p_{ir}(w_i, w^*) / \partial w_i = 2/(4-\beta^2)$，

可解得：

$$w^* = (2+\beta) / (4-\beta-\beta^2) \tag{4.19}$$

将式（4.19）代入式（4.16）可得均衡时空调的零售价格为

$$p^* = (6-\beta^2) / (2-\beta)(4-\beta-\beta^2) \tag{4.20}$$

此时每个空调制造商的利润和每个下游经销商的利润分别为

$$\pi_m = (4+2\beta) / (2-\beta)(4-\beta-\beta^2)^2 \tag{4.21}$$

$$\pi_k = \alpha_r \times [2/(2-\beta)(4-\beta-\beta^2)]^2 \tag{4.22}$$

通过式（4.21）和式（4.22）可知，相比没有管制的竞争性市场，当β足够大时，存在独占区域的市场利润更高。换句话说，当这两种空调品牌的替代性很强时，即下游经销商在同一区域内竞争很激烈时，空调制造商实施独占区域不仅能获得更高的利润，下游经销商也会因此获益，但是零售价格的提高抑制了下游经销商的竞争，使得终端用户的利益和社会总福利受损。当然，独占区域在抑制品牌内竞争的同时，可能间接地提升了品牌间的竞争程度。这是因为，独占区域为经销商排除了其他经营同一品牌的竞争者，他们就有动机和积极性在享有独家经营的区域内潜心经营。

三、排他性交易

排他性交易是品牌间的纵向限制行为，体现在空调制造商与下游经销商签订排他性合约。即规定下游经销商不准销售其竞争对手的产品，以实现封锁市场和阻止潜在进入者进入市场的目的。排他性交易与独占交易的区别在于，空调制造商实施独占区域时一个区域内只能有一个经销商，并且下游经销商可以和其他空调品牌厂商签订销售契约，而空调制造商实施排他性交易时一个区域内可以有多个下游经销商，但是下游经销商不能销售其他空调制造商的产品。总的来看，实施独占区域主要是为了减少品牌内竞争，而实施排他性交易主要是为了减少品牌间竞争。

芝加哥学派认为，排他性交易并非一种垄断机制，而是一种能提高效率的合同形式，特别是有利于提高下游经销商的品牌忠诚度和销售努力程度。但是排他性交易也可能带来一系列问题，如制造商可能会以提高佣金、降低批发价格、根据销售配额实施折扣返还等策略，阻碍经销商销售竞争对手的产品，产生限制和阻碍市场竞争的结果。由于排他性交易对市场竞争的影响是不确定的，对其进行反垄断规制时需要实施合理性原则。下面我们以一个合理的模型来阐释排他性交易限制竞争的效应。

假设在一个下游经销商没有品牌间竞争的区域内，有一个独家垄断的空调制造商和两家下游经销商，还有一个生产异质空调的潜在进入者。如果空调制造商实施排他性交易，则在位空调制造商和潜在进入者各自有一个下游经销商。如果空调制造商不实施排他性交易，则两个下游经销商都经营有这两家空调制造商的产品。空调制造商和下游经销商进行三阶段博弈：在第一阶段，空调制造商确定是否对下游经销商实施排他性交易的协议；在第二阶段，空调制造商制定批发价实现利润最大化；在第三阶段，下游经销商根据空调制造商制定的批发价确定空调最终的零售价格实现利润最大化。下面我们用逆向归纳法求解均衡解。

假设在位空调制造商与潜在进入者分别生产异质空调 $i\in\{a，b\}$，批发价为 w_i，每种空调的市场需求函数为 $q_i=1-p_i+\beta p_j$，其中，$i\neq j\in\{a，b\}$，β 反映这两种空调产品的不完全替代性，$0\leqslant\beta<1$。为了使分析简便且不失一般性，假定每个空调制造商的单位生产成本相等且为零，同时每个经销商的销售成本为零。

在没有排他性交易的情况下，单个经销商的利润函数为

$$\pi=(p_a-w_a)(1-p_a+\beta p_b)+(p_b-w_b)(1-p_b+\beta p_a) \tag{4.23}$$

单个经销商的利润最大化的一阶条件则为

$$\partial\pi/\partial p_a=1-2p_a+2\beta p_b+w_a-\beta w_b=0 \tag{4.24}$$

$$\partial\pi/\partial p_b=1-2p_b+2\beta p_a+w_b-\beta w_a=0 \tag{4.25}$$

解得空调 a 和空调 b 的最优零售价格为

$$p_a=[w_a+1/(1-\beta)]/2 \tag{4.26}$$

$$p_b=[w_b+1/(1-\beta)]/2 \tag{4.27}$$

空调 a 的空调制造商的利润函数为

$$\Pi_a=w_a(1-p_a+\beta p_b) \tag{4.28}$$

将式（4.26）和式（4.27）带入式（4.28）可得空调 a 的空调制造商利润最大化的一阶条件为

$$\partial\Pi_a/\partial w_a=(1-2w_a+\beta p_b)/2=0 \tag{4.29}$$

根据对称性，空调 b 的空调制造商利润最大化的一阶条件为

$$\partial\Pi_a/\partial w_a=(1-2w_b+\beta p_a)/2=0 \tag{4.30}$$

联立式（4.29）和式（4.30）可得空调 a 和空调 b 的最优批发价为

$$w_a=w_b=1/(2-\beta) \tag{4.31}$$

将式（4.31）代入式（4.26）和式（4.27）可得空调 a 和空调 b 的最优零售价格为

$$p_a=p_b=(3-2\beta)/2(1-\beta)(2-\beta) \tag{4.32}$$

每个空调制造商则为

$$\Pi_i=1/2(2-\beta)^2 \tag{4.33}$$

在空调制造商实施排他性交易的情况下，销售空调 a 的经销商的利润函数为

$$\pi_a=(p_a-w_a)(1-p_a+\beta p_b) \tag{4.34}$$

销售空调 a 的经销商利润最大化的一阶条件为

$$\partial\pi_a/\partial p_a=1-2p_a+\beta p_b+w_a \tag{4.35}$$

根据对称性，销售空调 b 的经销商利润最大化的一阶条件为

$$\partial\pi_b/\partial p_b=1-2p_b+\beta p_a+w_b \tag{4.36}$$

联立式（4.24）和式（4.25）可得到空调 a 和空调 b 的最优

零售价格为

$$p_a=1/(2-\beta)+(2w_a+\beta w_b)/(4-\beta^2) \tag{4.37}$$

$$p_b=1/(2-\beta)+(2w_b+\beta w_a)/(4-\beta^2) \tag{4.38}$$

空调 a 的空调制造商的利润函数为

$$\Pi_a=w_a(1-p_a+\beta p_b) \tag{4.39}$$

将式（4.37）和式（4.38）带入式（4.39）可得空调 a 的空调制造商利润最大化的一阶条件为

$$\partial\Pi_a/\partial w_a=1/(2-\beta)-2w_a(2-\beta^2)/(4-\beta^2)+\beta w_b/(4-\beta^2)=0 \tag{4.40}$$

根据对称性，空调 b 的空调制造商利润最大化的一阶条件为

$$\partial\Pi_b/\partial w_b=1/(2-\beta)-2w_b(2-\beta^2)/(4-\beta^2)+\beta w_a/(4-\beta^2)=0 \tag{4.41}$$

联立式（4.40）和式（4.41）可得空调 a 和空调 b 的最优批发价为

$$w_a=w_b=(2+\beta)/(4-2\beta^2-\beta) \tag{4.42}$$

将式（4.42）代入式（4.38）和式（4.39）可得空调 a 和空调 b 的最优零售价格为

$$p_a=p_b=(6-2\beta^2)/(2-\beta^2)(4-2\beta^2-\beta) \tag{4.43}$$

每个空调制造商利润则为

$$\Pi_i=(2+\beta)(2-\beta^2)/(2-\beta)(4-2\beta^2-\beta)^2 \tag{4.44}$$

综合以上分析结果，在实施排他性交易的情况下，空调的批发价格更高，但空调制造商的利润更高；空调的零售价格更低，从而总剩余增加。

虽然排他性交易带来了总剩余的增加，但是也可能带来反竞

争的效果。为了分析排他性交易的反竞争效应，我们以空调 a 为例比较实施排他性交易和不实施排他性交易时市场竞争程度的变化。

空调 a 的市场需求函数为

$$q_a=1-p_a+\beta p_b \tag{4.45}$$

在生产空调 a 的制造商不实施排他性交易的情况下，根据式（4.26）和式（4.27）可将空调 a 的市场需求函数化为

$$q_a=(1+\beta w_b-w_a)/2 \tag{4.46}$$

在生产空调 a 的制造商实施排他性交易的情况下，根据式（4.37）和式（4.38）可将空调 a 的市场需求函数化为

$$q_a=1/(2-\beta)+\beta w_b/(4-\beta^2)-(2-\beta^2)w_a/(4-\beta^2) \tag{4.47}$$

当 $0\leqslant\beta<1$ 时，我们很容易知道 $1/2<(2-\beta^2)/(4-\beta^2)$，$a/2<\beta/(4-\beta^2)$。可见在生产空调 a 的制造商实施排他性交易的条件下，生产空调 b 的制造商提高其批发价格给导致空调 a 的制造商带来的需求增加要更小。换句话说，排他性交易使这两种空调的替代性不强，从而阻碍了市场竞争。

第三节　空调产业售后市场垄断的福利分析

由于居民收入水平的提高及房地产行业的带动，家用空调的销售数量在逐年增加，也大力推动了空调售后服务市场的发展。首先，家用空调销售时只是半成品，需要在消费者家中完成联机安装，才能实现最初的标示功能，所以说安装是空调售后服务的重要步骤。另外，在家用空调漫长的使用周期里难免会因零配件损耗而出现故障，出于较高更新成本的考虑，终端用户通常情况下是选择更换零配件而不是购买新的空调。随着空调销售利润及

安装利润的下降，空调维修服务承担着越来越大的利润比例。还有，使用空调2年以上不清洗，灰尘和细菌就会堆积在空调内部，开机后这些附着的污垢蔓延在室内空气中，损害人体健康。因此，一些家庭都越来越重视对空调的清洗，空调清洗行业也随之发展起来。

然而，这一过程中因为小病大修、随口定价等高价售后问题遭到消费者不满意投诉，甚至起诉的案例也越来越多。其中一个不可忽略的原因，就是空调售后市场是一个垄断市场。下面是一起因为高价空调售后的投诉案件。

空调售后的高价

陕西省卢先生于2010年在国美购买的美的空调（2台1P定频空调），商家承诺保修6年。由于搬迁请求美的公司移机，美的西安公司要求卢先生支付每台200元价格移机费，且不含运费。卢先生在当地了解有营业执照资质的公司每台移机费用50～80元后，返回与西安美的公司联系协商。西安公司回复移机费每台200元是美的总公司规定的价格，低于这个价格收费美的会罚款。卢先生与美的总公司售后联系，了解后再三重复这是美的公司的定价不可更改，200元没有多收客户一分钱。卢先生：“本地行业收费每台为50～80元。”美的公司答复：“不是美的售后的移机我们将取消保修，你自己选择。”卢先生：“我选有资质的第三方公司可以么?”美的公司答复：“不可以，我们只承认美的指定的。”

从这个案例可以看出，转售价格维持并不单单只体现在空调的整机销售，还可能出现在空调零配件更换、维修保养服务。另外，空调制造商在空调售后市场还排斥独立维修商，只承认自己的售后服务代理。

（资料来源：中国质量万里行网）

综观目前空调的售后服务方式大致有两种：一是通过下游经销商的售后服务代理，提供给终端用户。也就是空调制造商将一定的技术资料、维修配件、售后服务基金给下游经销商，由下游经销商通过自己的维修站为用户提供该产品的售后服务。二是空调制造商把售后服务作为其经营和市场竞争的手段，自己建立维修服务站或特约售后维修站，直接为用户提供售后服务。该售后服务网络属于空调制造商投资，一般隶属于销售网络管理。当总部或各服务中心接到用户的服务热线后，可以解答的直接解答，需要上门服务就由该服务中心将信息通报给最近的特约维修网点，由网点指派人员上门提供售后服务。事毕，该网点还要向服务中心反馈服务情况。

然而，空调制造商建立自己的售后服务体系需要投入大量的人力和物力，也增加了组织的管理成本，大多数情况下他们都是把售后维修服务的任务交给经销商或者特约维修网点，并对售后服务实施转售价格维持。作为经销商，主要业务是销售产品，不可能在自己的销售区域内建立众多的维修服务网点，但又不愿意放弃售后服务的利益，导致许多独立的网点根本拿不到空调品牌的维修服务权，最终形成了区域行业垄断。在空调售后市场垄断的情况下，终端用户需要支付高昂的售后服务费用。下面我们用合理的经济模型来论证空调售后市场垄断相比竞争状态下的福利损失。

一、“上游竞争、下游竞争”的福利

这里所说的“上游竞争、下游竞争”表示上游有数量比较多的零配件厂商，其相互之间是充分的 Bertrand 价格竞争即零配件均衡价格等于其边际成本，同时空调制造商不实施空调售后市场垄断，消费者既可以从授权经销商获得零配件更换的售后服务，也可以到独立维修商那里进行零配件更换。此外，空调制造商之间是典型的寡头竞争市场结构，虽然整个市场空调制造商的数量不是很多，但是每个空调制造商都有自己的忠诚用户，相互之间竞争比较激烈（如图 4-2 所示）。

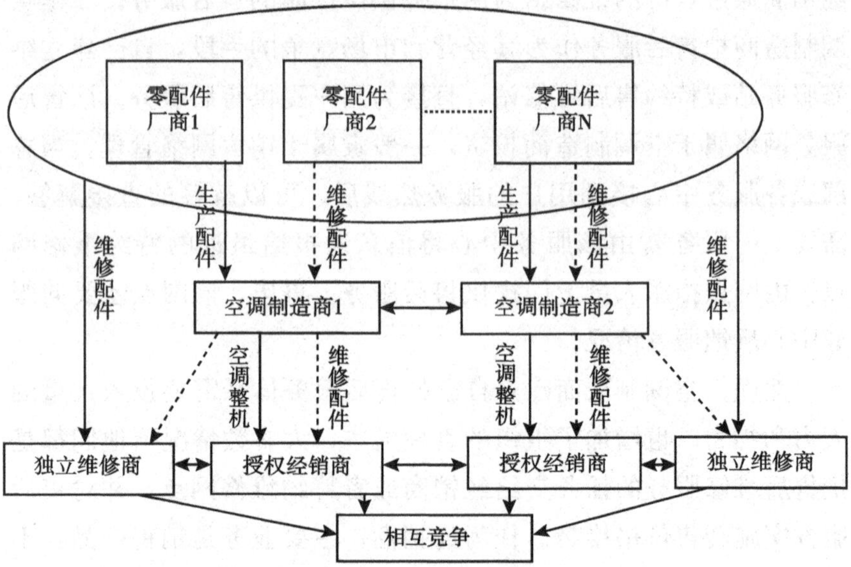

图 4-2 “上游竞争、下游垄断”空调市场结构

为了建立模型，我们需要做出如下假设：

有空调制造商 1 和空调制造商 2 两家在空调整机市场上进行 Hotelling 价格竞争，他们的单位生产成本为 $c_{a1}=c_{a2}=c_a$，并通过转售价格维持控制了授权经销商的空调整机零售价格。同时，消费者对空调售后服务的需求等同于对零配件的需求。此外，零配件厂商之间是充分的 Bertrand 价格竞争，单个零配件的生产成本是 c_b。空调售后市场中的授权经销商和独立维修商也是充分的 Bertrand 价格竞争，使维修用配件只能以等于生产成本的价格出售以及转售，即 $p_{b1}{}^*=p_{b2}{}^*=c_b$，这意味着零配件生产、转售、零售的经济利润为 0。消费者对空调整机 a 的效用为 $u_{a1}=u_{a2}=u_a$，对于已经购买空调整机的消费者来说，对维修用零配件 b 的需求函数为$Q(p_b)$，并且$Q'<0$，$Q''\leqslant 0$。消费者以价格p_b购买维修用零配件之后，其效用为$u_b=\mathrm{u}(p_b, y)$，其中y表示消费者收入。

由于空调制造商经营零配件的利润为0，所以空调制造商的利润全部来自于空调整机的销售利润。空调制造商1和空调制造商2的利润函数分别为

$$\pi_{a1}=(p_{a1}-c_{a1})\,x(p_{a1}, p_{a2}) \tag{4.48}$$

$$\pi_{a2}=(p_{a2}-c_{a2})\,[1-x(p_{a1}, p_{a2})] \tag{4.49}$$

其中，$x(p_{a1}, p_{a2})$和$1-x(p_{a1}, p_{a2})$分别表示消费者对空调整机的市场需求函数。同时，在Hoteling模型中需求函数必须满足如下等式：

$$u_a-p_{a1}-xt=u_a-p_{a2}-(1-x)\,t \tag{4.50}$$

其中，x表示购买空调制造商1和空调制造商2的空调无差异的消费者所处的位置，t表示单位交通成本。由式（4.50）可得到消费者对两种空调整机的市场需求函数分别为

$$x(p_{a1}, p_{a2})=(p_{a2}-p_{a1}+t)/2t \tag{4.51}$$

$$1-x(p_{a1}, p_{a2})=(p_{a1}-p_{a2}+t)/2t \tag{4.52}$$

假设空调制造商1和2是同时选择空调的价格，则他们利润最大化的一阶条件为

$$\begin{aligned}&\partial\pi_{a1}/\partial p_{a1}\\&=x(p_{a1}, p_{a2})+(p_{a1}-c_{a1})\,\partial x(p_{a1}, p_{a2})/\partial p_{a1}\\&=0\end{aligned} \tag{4.53}$$

$$\begin{aligned}&\partial\pi_{a2}/\partial p_{a2}\\&=[1-x(p_{a1}, p_{a2})]-(p_{a2}-c_{a2})\,\partial x(p_{a1}, p_{a2})/\partial p_{a2}\\&=0\end{aligned} \tag{4.54}$$

联立式（4.53）和式（4.54）可以得到空调制造商 1 和空调制造商 2 的空调均衡价格为

$$p_{a1}{}^{*}=p_{a2}{}^{*}=t+c_{a} \tag{4.55}$$

所以，空调制造商 1 和空调制造商 2 的最优利润为

$$\pi_{a1}{}^{*}=\pi_{a2}{}^{*}=t/2 \tag{4.56}$$

二、“上游竞争、下游垄断”的福利

这里的“下游垄断”表示空调制造商控制了零配件厂商供给独立维修商用于维修用配件的供给渠道，消费者只能到空调制造商指定的授权维修商那里获得零配件更换服务。纵向市场结构如图 4-3 所示。

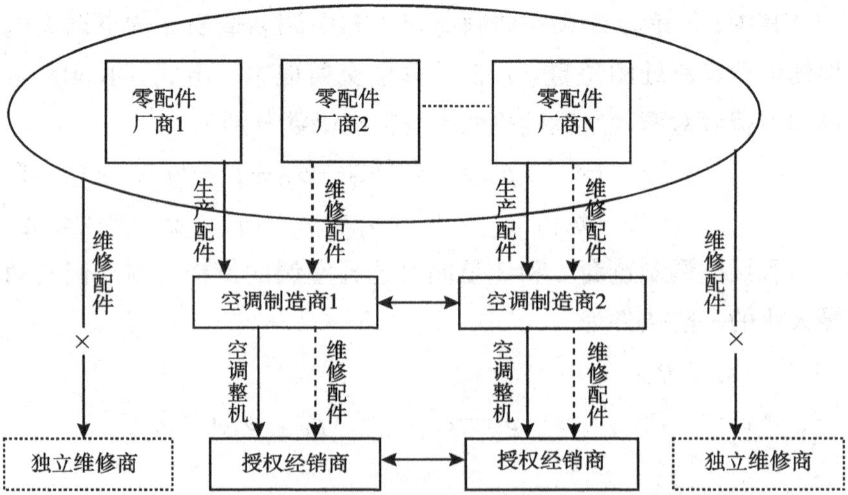

图 4-3　“上游竞争、下游垄断”空调市场结构

在前面“上游竞争、下游竞争”假设的基础上，我们这里还要做出如下假设：因为空调制造商控制了零配件厂商供给独立维修商用于维修用配件的供给渠道，导致他们有能力对授权经销商的空调整机和维修配件实施双重转售价格维持。所以空调制造商

的利润由空调整机销售利润和零配件销售利润两部分利润构成。

空调制造商1的总利润为$\pi_1=\pi_{a1}+\pi_{b1}$，具体表示为

$$\pi_{a1}=(p_{a1}-c_{a1})\ x(p_{a1},\ p_{a2},\ p_{b1},\ p_{b2}) \tag{4.57}$$

$$\pi_{b1}=(p_{b1}-c_{b1})\ x(p_{a1},\ p_{a2},\ p_{b1},\ p_{b2})\ Q(p_{b1}) \tag{4.58}$$

同理，空调制造商2的总利润为$\pi_2=\pi_{a2}+\pi_{b2}$，具体表示为

$$\pi_{a2}=(p_{a2}-c_{a2})\ [1-x(p_{a1},\ p_{a2},\ p_{b1},\ p_{b2})] \tag{4.59}$$

$$\pi_{b1}=(p_{b2}-c_{b2})\ [1-x(p_{a1},\ p_{a2},\ p_{b1},\ p_{b2})]\ Q(p_{b2}) \tag{4.60}$$

其中，$x(p_{a1},\ p_{a2},\ p_{b1},\ p_{b2})$和$1-x(p_{a1},\ p_{a2},\ p_{b1},\ p_{b2})$分别表示消费者对空调整机的市场需求函数。同时，在Hoteling模型中需求函数必须满足如下等式

$$\begin{aligned}&u_a u_{b1}(p_{b1})-p_{a1}-xt-p_{b1}Q(p_{b1})\\&=u_a+u_{b2}(p_{b2})-p_{a2}-(1-x)t-p_{b2}Q(p_{b2})\end{aligned} \tag{4.61}$$

其中，x表示购买空调制造商1和空调制造商2的空调无差异的消费者所处的位置，t表示单位交通成本。由式（4.61）可得到消费者对两种空调整机的市场需求函数分别为

$$\begin{aligned}x=[&u_{b1}(p_{b1})-u_{b2}(p_{b2})+p_{a2}-p_{a1}+p_{b2}Q(p_{b2})\\&-p_{b1}Q(p_{b1})+t]/2t\end{aligned} \tag{4.62}$$

$$\begin{aligned}1-x=[&u_{b2}(p_{b2})-u_{b1}(p_{b1})+p_{a1}-p_{a2}+p_{b1}Q(p_{b1})\\&-p_{b2}Q(p_{b2})+t]/2t\end{aligned} \tag{4.63}$$

假设空调制造商1和空调制造商2是同时选择空调的价格以及零配件的价格，则他们利润最大化的一阶条件为

$$\begin{aligned}&\partial\pi_1/\partial p_{a1}\\&=x+(p_{a1}-c_{a1})\ \partial x/\partial p_{a1}+(p_{b1}-c_{b1})\ Q(p_{b1})\ \partial x/\partial p_{a1}\\&=0\end{aligned} \tag{4.64}$$

$$
\begin{aligned}
&\partial \pi_1 / \partial p_{b1} \\
&= (p_{a1} - c_{a1})\ \partial x / \partial p_{b1} + (p_{b1} - c_{b1})\ Q(p_{b1})\ \partial x / \partial p_{b1} \\
&\quad + [Q(p_{b1}) + Q'(p_{b1})(p_{b1} - c_{b1})]\ x \\
&= 0
\end{aligned}
\tag{4.65}
$$

$$
\begin{aligned}
&\partial \pi_2 / \partial p_{a2} \\
&= x + (p_{a2} - c_{a2})\ \partial x / \partial p_{a2} + (p_{b2} - c_{b2})\ Q(p_{b2})\ \partial x / \partial p_{a2} \\
&= 0
\end{aligned}
\tag{4.66}
$$

$$
\begin{aligned}
&\partial \pi_2 / \partial p_{b2} \\
&= (p_{a2} - c_{a2})\ \partial x / \partial p_{b2} + (p_{b2} - c_{b2})\ Q(p_{b2})\ \partial x / \partial p_{b2} \\
&\quad + [Q(p_{b2}) + Q'(p_{b2})(p_{b2} - c_{b2})]\ x \\
&= 0
\end{aligned}
\tag{4.67}
$$

联立式（4.64）和式（4.66）可以得到空调制造商均衡的空调价格为

$$
\begin{aligned}
&p_{a1}^* \\
&= t + c_a + \Delta(p_{b1}^*, p_{b2}^*)/3 \\
&\quad - [2\pi(p_{b1}^*) + \pi(p_{b2}^*)]/3
\end{aligned}
\tag{4.68}
$$

$$
\begin{aligned}
&p_{a2}^* \\
&= t + c_a + \Delta(p_{b1}^*, p_{b2}^*)/3 \\
&\quad - [\pi(p_{b1}^*) + 2\pi(p_{b2}^*)]/3
\end{aligned}
\tag{4.69}
$$

其中，$\Delta(p_{b1}^*, p_{b2}^*) = u_{b1}(p_{b1}) - u_{b2}(p_{b2}) + p_{b2}Q(p_{b2}) - p_{b1}Q(p_{b1})$，$\pi(p_{b1}^*) = (p_{b1}^* - c_{b1})\ Q(p_{b1}^*)$，$\pi(p_{b2}^*) = (p_{b2}^* - c_{b2})\ Q(p_{b2}^*)$。很显然，在均衡状态下会有 $p_{a1}^* = p_{a2}^*$，$\pi(p_{b1}^*) = \pi(p_{b2}^*) = \pi_b^*$，则有 $\Delta(p_{b1}^*, p_{b2}^*) = 0$。空调制造商均衡的空调价格化为

$$p_{a1}^{*}=p_{a2}^{*}=t+c_{a}-\pi_{b}^{*} \tag{4.70}$$

这个结果和“上游竞争、下游竞争”条件下的结果不同，如果 $\pi_b^* > 0$，空调整机价格变得更低；如果 $\pi_b^* < 0$，空调整机价格变得更高。

根据罗伊等式，$[\partial u(p_b, y)/\partial p_b]/[\partial u(p_b, y)/\partial y] = -Q(p_b)$。为了后面计算方便和不失一般性，假定 $\partial u(p_b, y)/\partial y=1$。则有 $u'(p_{b1}) = -Q(p_{b1})$，同理 $u'(p_{b2}) = -Q(p_{b2})$。利用此条件式（4.65）和式（4.67）可化为

$$\begin{aligned}&\partial\pi_1/\partial p_{b1}\\&=[(p_{a1}^*-c_{a1})+Q(p_{b1})(p_{b1}-c_{b1})]\\&\quad\times[-2Q(p_{b1})-p_{b1}Q'(p_{b1})]/2t\\&\quad+x^*[Q(p_{b1})+Q'(p_{b1})(p_{b1}-c_{b1})]\\&=0\end{aligned} \tag{4.71}$$

$$\begin{aligned}&\partial\pi_2/\partial p_{b2}\\&=(p_{a2}^*-c_{a2})[2Q(p_{b2})+Q'(p_{b1})(p_{b2}-c_{b2})]/2t\\&\quad-Q(p_{b2})(p_{b2}-c_{b2})[2Q(p_{b2})+p_{b2}Q'(p_{b2})]/2t\\&\quad+(1-x^*)[Q(p_{b2})+Q'(p_{b2})(p_{b2}-c_{b2})]\\&=0\end{aligned} \tag{4.72}$$

在均衡状态下，有 $x^*=1/2$，定义消费者在价格 p 处的点弹性 $e(p) = -pQ'(p)/Q(p)$，则有

$$\begin{aligned}&[2Q(p_{b1})+p_{b1}Q'(p_{b1})]/Q(p_{b1})\\&=2-e(p_{b1})\end{aligned} \tag{4.73}$$

所以式（4.71）可化为

$$\begin{aligned}&Q(p_{b1})+Q'(p_{b1})(p_{b1}-c_{b1})\\&=[2-e(p_{b1})]Q(p_{b1})\end{aligned} \tag{4.74}$$

可以看出式（4.74）等号左边部分实际上是空调制造商零配件利润函数对价格的一阶导数，当它等于 0 时，就达到利润最大化，在该处的价格就是垄断价格 p_{b1}^{m}。由于利润函数是关于价格

p 的凹函数，所以当 $e\ (p_{b1}^{*})>2$ 时，则有 $p_{b1}^{*}>p_{b1}^{m}$；当 $e\ (p_{b1}^{*})=2$ 时，则有 $p_{b1}^{*}=p_{b1}^{m}$；当 $e\ (p_{b1}^{*})<2$ 时，则有 $p_{b1}^{*}<p_{b1}^{m}$。

此外，将 $e\ (p_{b1})$ 展开来式（4.74）还可化为

$$Q\ (p_{b1})\ [1+c_{b1}Q'\ (p_{b1})\ /Q\ (p_{b1})\ ]=0 \tag{4.75}$$

一般而言，$Q\ (p_{b1})$ 是大于 0 的，所以可解得：

$$e\ (p_{b1}^{*})=p_{b1}^{*}/c_{b1} \tag{4.76}$$

其含义是，如果 $e\ (p_{b1}^{*})>1$，则有 $p_{b1}^{*}>{}_{b1}$；如果 $e\ (p_{b1}^{*})=1$，则有 $p_{b1}^{*}=c_{b1}$；如果 $e\ (p_{b1}^{*})<1$，则有 $p_{b1}^{*}<c_{b1}$。我们在式（4.74）等式两边同减去 1，可得：

$$e\ (p_{b1}^{*})-1=\ (p_{b1}^{*}-c_{b1})\ /c_{b1} \tag{4.77}$$

可以看出式（4.77）等式右边部分表示的是 Lerner（勒纳）指数，反映了空调制造商对零配件的加价能力。再结合等式左边部分，发现这种加价能力取决于在均衡价格 p_{b1}^{*} 处的点弹性。当消费者在价格为 p_{b1}^{*} 的情况下对零配件的需求弹性越大，空调制造商对零配件的加价能力则越强。

综合式（4.74）和式（4.77）的结果我们可以发现，如果已经购买空调整机的消费者对维修用零配件的需求是富有弹性的，特别是在价格为 p_{b1}^{*} 的情况下弹性大于 2 时，空调制造商也对维修用零配件实施转售价格维持，会出现空调制造商制定的零配件价格比垄断价格还高的情况，这是一个比垄断还糟糕的“双重加价”结果。这与实施转售价格维持来防止“双重加价”的初衷是相违背的。在现实中，具体表现为空调制造商对空调整机定低价，而对维修用零配件定高价，把自己在零配件上获得的利润全部通过压低空调整机价格还给了消费者。

三、比较分析

（一）空调制造商利润

由式（4.56）可知在“上游竞争、下游竞争”的情况下，每个空调制造商的利润都为 $t/2$。而“上游竞争、下游垄断”时，我们可以算出均衡时每个空调制造商的利润为

$$\pi_1{}^* = \pi_2{}^* = 1/2\ (p_a{}^* - c_a) + \pi_b{}^*/2 = t/2 \qquad (4.78)$$

对空调制造商而言，“上游竞争、下游竞争”和“上游竞争、下游垄断”条件下的利润是一样的，但实际上有本质区别。当空调制造商不实施空调售后市场垄断，零配件厂商与售后维修商都是完全的价格竞争，售前市场与售后市场的利润结构是（$\pi_a > 0$，$\pi_b = 0$）。而当空调制造商控制了零配件厂商供给独立维修商用于维修用配件的供给渠道，并同时对空调整机和维修用零配件实施双重转售价格维持时，售前市场与售后市场的利润结构是（$\pi_a - \pi_b$，π_b）。由此可见，空调制造商在实施双重转售价格维持的情况下可以在售后服务市场获得高额利润，但因为售前市场的激烈竞争不得不压低空调整机的价格把这部分利润返还给消费者，这意味着双重转售价格维持并没有使空调制造商获得额外的利润。更进一步的，每个空调制造商在“上游竞争、下游竞争”时理论上只能获得由差异化而形成的租金，即 $t/2$，并且随着差异化程度的提高而提高，也就说明空调制造商制定的整机高价格很难被认定为滥用市场地位。但是空调制造商在“上游竞争、下游垄断”条件下实施双重转售价格维持将原本是完全的价格竞争的售后市场变成了垄断市场，并索取高价获得高额利润，即使零配件厂商之间是完全的价格竞争，然而因为空调整机市场激烈的竞争不得不降低整机价格。在这一过程中造成了社会福利损失，并全部由消费者承担。

（二）消费者福利

在"上游竞争、下游竞争"的条件下，空调整机的均衡价格为 $p_{a1}{}^{*}=p_{a2}{}^{*}=t+c_a$，维修用零配件的均衡价格为 $p_{b1}{}^{*}=p_{b2}{}^{*}=c_b$，所以，消费者总剩余为

$$\begin{aligned}&CS(p_a{}^{*},\ p_b{}^{*})\\&=2\int_0^{1/2}(u_a-p_{a1}-gt)dg+\int_{c_b}^{\bar{p}}Q(p_b)dp_b\\&=u_a-5t/4-c_a+\int_{c_b}^{\bar{p}}Q(p_b)dp_b\end{aligned}\tag{4.79}$$

其中，g 表示在线型城市 g 处的消费者，第一项表示消费者在购买空调整机上获得的剩余，第二项表示消费者在更换用零配件上获得的剩余。因为此时售后零配件市场是完全的价格竞争，消费者可以获得比垄断竞争时候更多的剩余。如图 4-4 所示，售后市场零配件均衡价格等于零配件厂商的单位生产成本，消费者剩余是 $\bar{p}$EF 整个三角形阴影部分的面积。为了比较售后市场垄断带来的福利损失，我们则把售后竞争时候的福利水平作为参考基准。

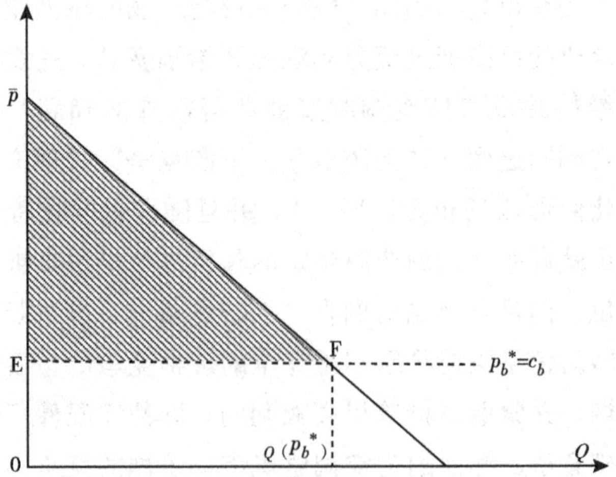

图 4-4 "上游竞争、下游竞争"条件下售后市场消费者剩余

在“上游竞争、下游垄断”的条件下，空调整机的均衡价格为 $p_{a1}{}^{*}=p_{a2}{}^{*}=t+c_a-\pi_b{}^{*}$，维修用零配件的均衡价格为 $p_b{}^{*}$，所以此时消费者总剩余为

$$CS(p_a{}^{*},\ p_b{}^{*})$$

$$=2\int_0^{1/2}(u_a-p_{a1}-gt)dg+\int_{p_b^*}^{\bar{p}}Q(p_b)dp_b$$

$$=u_a-5t/4-c_a+\pi_b{}^{*}+\int_{p_b^*}^{\bar{p}}Q(p_b)dp_b \tag{4.80}$$

同样的，g 表示在线型城市 g 处的消费者，第一项表示消费者在购买空调整机上获得的剩余；第二项表示消费者在更换用零配件上获得的剩余。但从消费者在空调整机市场上的消费者剩余来看，售后市场垄断给消费者带来更多数量为 π_b^* 的剩余。正常情况下这部分额外剩余刚好等于空调制造商在售后零配件市场获得的利润，表面上是空调制造商进行了让利。但对消费者来说，额外剩余 $\pi_b{}^{*}$ 实际上是在售后零配件市场被空调制造商榨取的消费者剩余。在特定条件下，空调制造商在售后零配件市场榨取的消费者剩余甚至比 $\pi_b{}^{*}$ 还要大。总的来说，消费者在售前（售后）市场获得的剩余增加是否能弥补其在售后（售前）市场面临的剩余减少取决于消费者在零配件均衡价格下对零配件的需求弹性。在知道售前市场额外消费者剩余 $\pi_b{}^{*}$ 的情况下，我们只需要计算出消费者在售后零配件市场的剩余损失的大小就可以确定答案。根据“上游竞争、下游垄断”条件下的分析与计算的结果，我们可以分四种情况来讨论售后零配件市场的消费者剩余。

情况 1：e（$p_b{}^{*}$）<1 时的消费者剩余

当 e（$p_b{}^{*}$）<1 时，则有 $p_b{}^{*}<c_b$，即空调制造商制定的零配件价格低于零配件的单位生产成本。很显然会出现 $\pi_b{}^{*}<0$，为了弥补这部分利润损失，空调制造商不得不在空调整机市场收取 $p_a{}^{*}=t+c_a-\pi_b{}^{*}>t+c_a$ 的高价。如图 4-5 所示，在 $p_b{}^{*}<c_b$ 的

情况下，相比售后市场竞争时候消费者在售后市场的总剩余增加是 EFGH 这个楔形面积。然而，空调制造商在售前市场是按照市场出清的最后一单位产品所对应的销量 Q（$p_b{}^*$）来制定空调整机价格，最终在售前市场榨取 EFGI 矩形部分的消费者剩余。这样的话，空调制造商在售前市场定高价，而在售后市场定低价，导致消费者在售后市场剩余的增加并不能弥补其在售前市场剩余的减少，将会造成 GHI 三角形部分的福利损失。

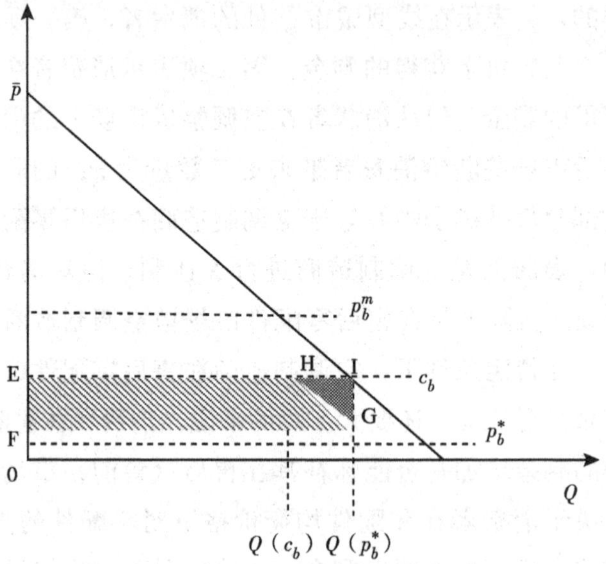

图 4-5　$p_b{}^* < c_b$ 时售后市场消费者剩余

情况 2：e（$p_b{}^*$）$=1$ 时的消费者剩余

当 e（$p_b{}^*$）$=1$ 时，则有 $p_b{}^*=c_b$，即空调制造商制定的零配件价格等于零配件的单位生产成本。同时，空调制造商在售后零配件市场的利润 $\pi_b{}^*=0$，空调整机的均衡价格为 $p_{a1}{}^*=p_{a2}{}^*=t+c_a$。可以看出，这种情况与售后市场竞争时的结果是一样的。但是在现实生活中消费者对零配件的需求弹性刚好等于 1 的可能性很小，大多数情况下都是大于 1 或者小于 1。

情况 3：$1<e(p_b^*)\leqslant 2$ 时的消费者剩余

当 $1<e(p_b^*)\leqslant 2$ 时，则有 $c_b<p_b^*\leqslant p_b^m$，即空调制造商制定的零配件价格大于零配件的单位生产成本，但没有超过垄断价格。很显然会出现 $\pi_b^*>0$，空调的均衡价格为 $p_a^*=t+c_a-\pi_b^*<t+c_a$，这意味着空调制造商在售前整机市场的利润低于垄断利润。空调制造商为了弥补售前市场的利润损失，不得不对维修用零配件采取高价。如图 4-6 所示，在 $c_b<p_b^*\leqslant p_b^m$ 的情况下，相比售后市场竞争时消费者在售后市场的总剩余减少是 EFIK 这个楔形面积。而空调制造商在售前市场让利，给消费者剩余的增加相当于 EFHK 矩形部分的面积。可以看出，空调制造商在售前市场定低价，而在售后市场定高价，导致消费者在售前市场剩余的增加并不能弥补其在售后市场剩余的减少，将会造成 HIK 三角形部分的福利损失。这是因为空调制造商在零配件售后市场定高价在一定程度上降低了消费者对售后服务的需求，消费者倾向于谨慎或减少购买空调。

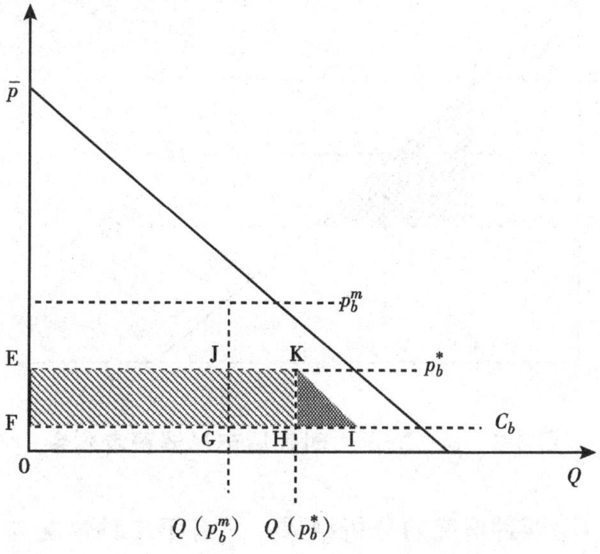

图 4-6　$c_b<p_b^*\leqslant p_b^m$ 时售后市场消费者剩余

情况 4：e（$p_b{}^*$）＞2 时的消费者剩余

当 e（$p_b{}^*$）＞2 时，则有 $p_b{}^* > p_b{}^m$，即空调制造商制定的零配件价格不仅高于零配件的单位生产成本，还高于垄断时候的价格。很显然会出现 $\pi_b{}^* > 0$ 的结果，空调的均衡价格为 $p_a{}^* = t + c_a - \pi_b{}^* < t + c_a$，这意味着空调制造商在售前整机市场的利润低于垄断利润。为了弥补这部分利润损失，空调制造商不得不对零配件市场收取高于垄断价格的高价。如图 4-7 所示，在 $p_b{}^* > p_b{}^m$ 的情况下，相比售后市场竞争时消费者在售后市场的总剩余减少是 EGIF 这个楔形面积。而空调制造商在售前市场让利，给消费者剩余的增加相当于 EGHF 矩形部分的面积。可以看出，空调制造商在售前市场定低价，而在售后市场定高价，导致消费者在售前市场剩余的增加并不能弥补其在售后市场剩余的减少，将会造成 HIF 三角形部分的福利损失。

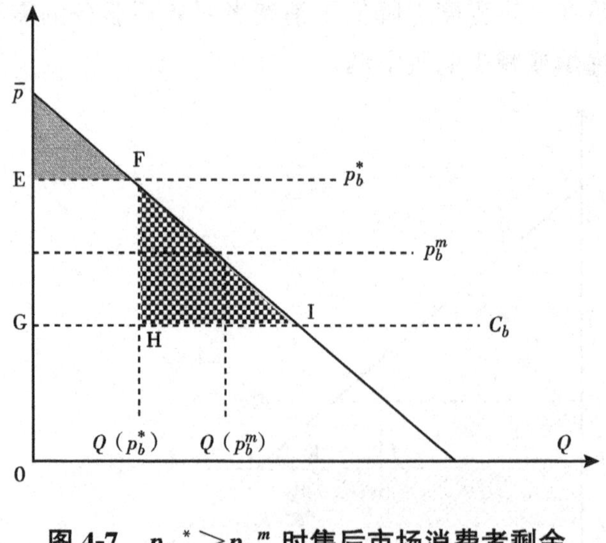

图 4-7　$p_b{}^* > p_b{}^m$ 时售后市场消费者剩余

综合以上四种情况的分析结果，只有第二种情况与售后市场竞争时的结果是一样的，其他情况都会造成消费者剩余损失。在现实生活中，第一种情况对应的是消费者对维修用零配件需求缺乏弹性，导致空调制造商更愿意对空调整机定高价，却对零配件定低价，结果是消费者在售后市场剩余的增加并不能弥补其在售前市场剩余的减少。而第三、第四种情况对应的是消费者对维修用零配件富有弹性，导致空调制造商更愿意对零配件定高价，而对空调整机定低价，结果是消费者在售前市场剩余的增加并不能弥补其在售后市场剩余的减少。

总的来说，空调制造商对空调整机和维修用零配件实施双重转售价格维持非但没有使自己的利润增加，还带来了消费者福利的损失。因此，即使是在零配件厂商充分价格竞争的条件下，空调制造商这种双重转售价格维持会损害市场效率。造成这种结果有两方面的原因：一方面，售前空调整机市场是一个寡头竞争市场导致空调制造商拥有一定的市场势力，从而有能力制定空调整机的市场价格；另一方面，空调制造商因为控制了零配件厂商对独立维修商，以及授权经销商的供给渠道，最终形成售后市场垄断，让空调制造商可以实施双重转售价格维持。

第四节 空调产业售后政策及反垄断建议

一、现有政策评述

（一）规范性政策

由于中国空调企业一直致力于扩大产业规模，忽视了售后服务市场的重要性，导致空调售后服务市场处于混乱的状态。长期以来，中国空调售后服务缺乏统一的规范和指导，造成各空调企业服务水平参差不齐、行业管理滞后、服务质量差异大等弊端，消费者对空调安装不及时、售后服务不专业、质量水平难评测、维修退换货难等问题投诉现象不断增多。无序的售后服务严重影响了消费者对空调品牌的购买信心，也为空调行业的长远发展埋下了隐患。直到2010年7月1日商务部正式发布实施《房间空调器安装服务规范》《房间空调器拆装服务质量检验规范》《房间空调器拆解清洗维护规范》等空调行业首批三大服务标准，从安装、维护、清洗等各方面做出了标准规范，从此中国家用空调行业有了售后服务的标准规范。

在安装服务规范中，对从安装预约、安装期间和安装后整个服务程序都提出要求，特别是安装过程中的安全性、保障性和关爱性。在拆装服务规范中（包括移机服务在内），对拆卸、安装等技术内容及质量做出评定。在拆解清洗维护规范中，对维护要求和检验测试标准做出规范，甚至对节能、节电提出要求。这三项标准中还要求企业服务人员在完成服务后让终端用户填写评价表，评价表列出了各项服务的明细与对照评鉴，终端用户可以对每个服务环节做出意见反馈。通过终端用户评价表的反馈，可以充分尊重消费者的知情权，发挥消费者的监督作用，从而提升空调售后服务质量。如今空调市场的竞争已经由价格、技术竞争转向服务竞争。随着空调产品同质化趋势加剧，服务逐渐成为空调制造商关注的焦点，关系到经销商及消费者对品牌的认可度。总的来说，空调售后服务标准的制定对规范市场、引导消费，以及促进空调售后服务行业的发展起到积极作用。

（二）反垄断政策

从前面的分析知道，空调制造商在空调售后服务市场实施了转售价格维持，导致消费者面临着高价售后。而《中华人民共和国反垄断法》第14条明确禁止经营者与交易相对人达成以下垄断协议：固定向第三人转售商品的价格；限定向第三人转售商品的最低价格；国务院反垄断执法机构认定的其他垄断协议。自 2008 年 8 月 1 日《中华人民共和国反垄断法》正式实施以来，发生了多起关于空调行业的反垄断案件。其中，第一起是上海市物价局受理的海尔子公司价格垄断协议案，成为发改委反垄断执法部门对家电行业处罚的第一案。第二起是 2016 年 8 月 30 日广州知识产权法院受理的格力空调纵向垄断协议案，因为在前面空调产业纵向约束的独占区域已经分析过海尔子公司价格垄断协议案，所以这里只分析格力空调纵向垄断协议案。

在格力空调纵向垄断协议案中，被告晟世公司和合时公司分别是格力空调在东莞市的总经销商和唯一供货商，他们与原告横沥电器签订协议约定格力空调的最低转售价格，并向原告收取了押金以保证合同的履行。后原告拟解除与被告的合同关系，但被告以原告违反最低零售价合约为由拒绝足额退还原告押金。基于此，原告向法院提出反垄断诉讼。法院直接对品牌外部市场竞争情况与格力空调经销商的内部竞争情况进行了分析。品牌外部市场分析方面：一是外部横向竞争充分。格力空调“并未占据绝对优势的份额，更不足以形成市场支配地位”。二是从消费者选择和产品替代角度。“即使格力空调品牌限定最低销售价格，消费者完全可替代选择其他同类品牌”。三是从产业链角度看，“在产业链上也无证据显示空调产品关联产业的竞争关系会因格力空调的销售限价而有所影响”。品牌内部市场分析方面：一是即使有转售价格限制，格力空调的经销商也可以“在售前宣传、售中促销和售后服务等多方面参与竞争”；二是从消费者选择角度，法院认为，虽然没有价格选择，但“即便面对同一空调品牌，消费者也仍存有选择的空间”。最终法院裁定被告的被诉行为并没有形成排除限制竞争的效果，不属于反垄断法意义上的垄断行为。可以看出，限制最低转售价格行为是否属于纵向垄断协议，主要是看相关市场是否竞争充分、市场主体市场势力是否强大，以及是否出于排除限制竞争的目的。

总的来说，空调产业的反垄断调查只出现在空调整机市场上，即空调制造商与经销商之间关于空调整机的纵向约束行为。不像汽车行业的售后反垄断调查，空调产业售后垄断调查目前还是一张白纸。这主要是因为空调占整个家庭消费的比重相比汽车等典型耐用品要小得多，更换成本较低，消费者对高价空调售后的容忍度高得多。但是，这并不等于我们就没必要对空调售后垄断行为实施反垄断规制。我们在第二节的分析发现，空调售后服务市场还存在帕累托（Pareto）改进的可能，在不减少零配件厂商、空调制造商、经销商三类市场主体的生产者剩余的前提下，让消费者剩余增加。此外，对空调市场竞争状况及社会福利的分析与判定，是不能把空调整机销售市场和售后服务市场分割开来看的，只关注空调整机销售市场价格调查而做出的市场福利结果评价很可能是不全面的。

二、售后市场反垄断建议

因为空调制造商的市场势力有一部分原因来自于消费者的品牌偏好，目前单纯的空调整机反垄断执法并不能完全解决空调市场的诸多垄断行为，还需要把售后服务市场考虑进来，才能维护市场价格秩序，营造公平竞争的市场环境，进而提高资源配置效率和保护消费者权益。

（1）规范空调制造商在空调整机市场上的价格行为，尤其是禁止其与经销商达成关于空调整机的纵向垄断协议。2015 年 5 月 4 日，国家发展改革委价格监督检查与反垄断局会同中国连锁经营协会、中国家用电器协会在京举办了空调行业价格政策提醒告诫会。主要是提醒告诫各空调生产经营企业，不得实施相互串通操纵市场价格、达成横向垄断协议的行为；上下游经营者之间不得达成纵向垄断协议；不得以排挤竞争对手为目的，以低于成本的价格低价倾销；不得利用虚假或者使人误解的价格条件，诱骗消费者或者其他经营者与其进行交易，实施价格欺诈。空调制造商对空调整机实施转售价格维持作为双重转售价格维持的一部分，同样存在排除限制竞争的可能。因此，无论所处行业是否竞争充分，企业市场力量是否显著，从合规的角度出发，建议企业严格避免对转售价格做出限制。

(2) 空调行业反垄断的目的不仅是要维持有效的售前空调整机市场品牌间竞争，还要营造一个充分竞争的售后零配件市场。因为消费者最终的总剩余是由售前空调整机市场的剩余和售后零配件市场的剩余组成。不管空调制造商采取的是“售前高价、售后低价”还是“售前低价、售后高价”的策略，消费者在两个市场的剩余增减并不能相互抵消，往往会造成消费者福利的损失。关键在于破除空调制造商因为控制零配件厂商对空调经销商，以及独立维修商的供应渠道，从而掌握了维修用零配件定价权的局面。

具体的，中国空调行业的反垄断政策应考虑允许独立维修商进入空调售后服务市场，同时经空调制造商授权的售后服务代理的经销商除了能从空调制造商手中购买维修用零配件之外，还可以直接向零配件厂商采购维修用零配件。这样空调售后服务市场是授权经销商和独立维修商之间充分的价格竞争，消费者就可以在授权经销商获得售后服务，或者到独立维修商购买售后服务之间自由选择。这样既没有让空调制造商蒙受损失，还让消费者剩余得到了改进。

(3) 防止空调制造商在零配件更换、维护保养服务的售后市场上对售后委托代理商的转售价格维持。不管出于什么目的，空调制造商都没理由对零配件厂商生产的零配件实施转售价格维持。从本章第二节的分析可知，空调制造商同时对空调整机，以及维修用零配件实施转售价格维持，可能会出现比售后服务市场垄断还更差的结果，即非但没有让空调制造商的利润增加，还使消费者总剩余蒙受损失。

第五章　中国电影产业售后市场垄断及福利分析

第一节　中国电影纵向产业链

自2008年中国电影行业市场化改革以来，中国电影行业从萧条开始走向繁荣，电影票房收入从2005年的20亿元增加到2013年的624.66亿元。但是侵权问题始终困扰着中国电影行业的发展。从早期的盗版光盘侵权，到当前的网络盗版侵权及放映商“偷票房”侵权。尤其是“偷票房”问题，成为当前新闻媒体和电影界关注的焦点。许多电影制片商和电影人士都期望国家出台相关法规，彻底清除“偷票房”问题。为打击“偷票房”现象，2014年1月20日，国家广电总局电影局正式出台《关于加强电影市场管理，规范电影票务系统使用的通知》。2014年2月26日，国家广电总局电影局发布通报，宣布对15家存在不同程度偷票房行为的影院进行停止供片惩处。2017年3月1日《电影产业促进法》正式实施，同年3月21日国家新闻出版广电总局电影局开出第一张罚单，对2016年偷漏瞒报票房的326家影院进行了处罚。

尽管国家出台了相关法规制止“偷票房”现象，并对一些影院进行了处罚，但“偷票房”现象仍难以遏制。为什么会产生“偷票房”问题？其产生机制是什么？“偷票房”对电影产业链上各利益主体影响是什么？“偷票房”对整个电影行业会产生什么效应？不从理论上厘清这些问题，就难以出台行之有效的政策。本章拟探讨上述问题，并针对“偷票房”提出有效的监管对策。

中国电影产业链环节由电影作品制作商、电影发行商、终端渠道商构成（见图 5-1）。

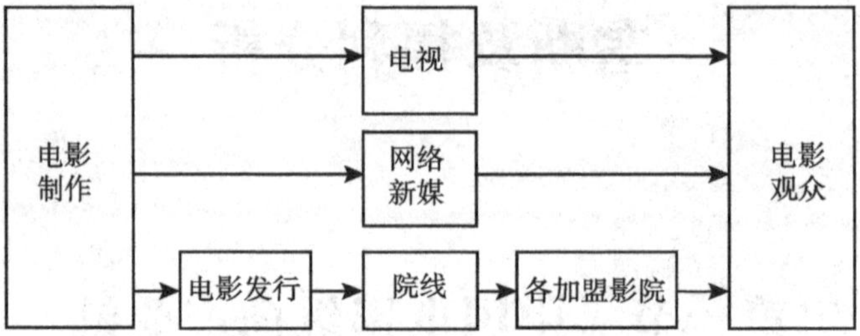

图 5-1　中国电影产业链

一、电影制作

电影制作商主要是电影投资、拍摄与制作，并拥有电影作品版权。

二、电影发行

电影发行商相当于一级批发商或代理发行商，根据影片质量，通过市场竞争从电影制作商处购买或代理电影发行权，进行电影作品市场推广和宣传、策划。目前，中国主要有六大发行公司——中国电影集团公司、华夏电影发行有限责任公司、博纳影业集团、华谊兄弟传媒股份有限公司、北京新画面影业有限公司及光线影业有限公司。

三、院线

院线相当于二级批发商或代理商，只不过其拥有众多的销售终端。院线从电影发行商处获得片源，并提供给其拥有的影院放映。一条院线下面有若干个电影院，由院线公司统一管理，统一排片，以票房分账的方式获得片源。院线组织形式主要有两种：一是一体化模式。院线直接投资建设影院，拥有销售终端，如万达院线。二是连锁加盟。院线公司吸收市场上其他影院加盟，统一品牌、统一管理、统一片源，如中影星美。

四、影院

电影院相当于产品销售终端。在当前“院线制”发行放映机制下，影院如同出租车一样，需加盟到一家院线公司，并向该院线公司上缴片租和管理费。院线公司向加入院线的所有电影院提供片源。

第二节　中国电影行业纵向市场结构

一、上游制作环节市场结构

电影制作商的收益来源于电影版权销售和影片的票房收入分账。除电影制作商拥有电影版权销售、电影广告植入及其他衍生品收入外，电影产业从上游电影制片商、发行商到下游院线、影院，各个产业链环节的利益关系由一系列的契约构成。首先是电影制作商与发行商的契约，规定电影的制作与发行双边的利益与责任；然后是发行商与院线的契约，规定发行商与院线方之间的利益；最后是院线与加盟影院的契约，规定院线方与加盟影院之间的利益关系。一系列的纵向契约规定了各利益主体按一定的比例分享票房收入。

在分离的纵向结构中，上游制作集中度低，而下游放映环节（院线、影院）集中度高。从上游电影制作环节来看，自 2005 年以来，中国故事片产量以15%以上的增速发展。2007年中国生产的故事片为402部，2008年为406部，2009年为456部，到2018年和2019年分别达到902部和850部，但有约70%影片不能公映。

表5-1　2005—2019年中国国产故事片总量及公映数量

年份	产量	公映数量	公映比例（%）
2005	260	43	16.5
2006	300	74	24.7
2007	402	74	18.4
2008	406	80	19.7
2009	456	88	19.3
2010	526	91	17.3
2011	558	154	27.6
2012	745	231	31.0
2013	638	250	39.2
2014	618	259	41.9
2015	772	278	36.0
2016	686	376	39.8
2017	798	553	57.0
2018	902	558	51.8
2019	850	567	54.7

数据来源：根据艺恩咨询、产业信息网和《中国社会统计年鉴》（2016—2020年）整理而得；上映率为作者根据收集的数据计算而得，其中，2016—2019年公映数量为故事片、科普片、动画片在内的全部影片。因此公映比例有所增加。

二、下游售后放映环节市场结构

相对于上游电影制作而言，下游放映环节垄断力量较强。从院线数量与集中度看，2002年，中国的院线为30条，到2020年增加到60条，但年票房收入排前四名的院线占全国放映市场票房收入比例约40%，前八名超过占全国总票房的60%。从院线所属影院的市场性质来看，影院一般为区域性分布，在区域市场同一院线的影院有一定的市场势力。

上游电影制作商在票房分账讨价还价中，除非电影质量高，否则处于劣势地位。如2011年11月14日，中国电影院线方和发行方进行了一次较强的博弈。中影、华谊、博纳、星美、光线五大发行公司联合发出《关于调整国产影片分账比例的通知》，要求将《一九四二》《王的盛宴》《一代宗师》等9部电影的发行方票房分账比例提高到45%。之后，13家院线联合发布“意见”反对修改分账比例，并发表了《中国电影院线市场协商宣言》。但经过10多天的博弈，仅华谊公司发行的《一九四二》在超过3亿元票房之后可获45%以上的分账，《一代宗师》则维持原来43%的分账比例，《王的盛宴》分账比例不升反降。

第三节　中国电影行业纵向约束方式

一、抽成制

在中国电影产业纵向分离结构下，电影制作商和发行商对下游放映环节实行的抽成制。抽成制是基于零售商销售数量而达成的收入分配契约。抽成制的具体形成就是电影制作和发行商之间、院线和影院之间的票房收入分账制度。1993年，原广电部颁布了《关于当前深化电影发行机制改革的若干意见》，提出按照制片、发行、放映三方35∶17∶48的比例分账；2008年广电总局发布的《关于调整国产影片分账比例的指导性意见》和2011年发布的《促进电影制片发行放映协调发展的指导意见》，均提出电影院的首轮分账比例不超过50%。

然而只有当上游电影制作商和发行商能完全监督放映环节的票房收入时，抽成制才是一种有效的契约安排。票房分账是在电影票房收入除交纳税费、电影专项资金外，制作方、发行方与院线方的票房收入进行分配。其中，最重要的是制作方、发行方与院线的分账比例。1993 年中国电影行业实证票房分账制后，电影制作方、发行方与院线、影院方的分账比例经历了一个长期的博弈过程。从早期制作方和发行方分账比例 35%提高到目前的 43%、45%分账比例。

二、转售价格维持

在纵向分离结构中，转售价格控制情况下的商品价格是由上游制造商制定的，零售商依据制造商规制的最低价格或最高价格等进行销售。目前，中国多数电影票价是由电影制作商和发行商共同商定的，并签订合约，根据不同的地区制定一个最低票价。

三、共同代理

在纵向分离结构，制造商与销售商实际存在一个委托—代理合同，即制造商委托零售商代理销售其产品。共同代理是多个制造商选择同一个零售商进行竞争性产品的销售。在电影行业中，通常同一时期同一区域，电影制作商和发行商会将其电影作品委托多家院线或影院放映。同时，一个院线或影院会代理多部电影作品放映。

经典委托—代理理论认为，在信息不对称条件下，委托人不能观测到代理人的行为，导致“偷懒”，但可观测到产量。委托人的问题是选择满足代理人参与约束和激励兼容约束的激励合同以最大化自己的期望效用。当信息不对称时，最优分担原则应满足莫里斯—霍姆斯特姆条件（Mirrlees-Holmstrom Condition），即最优风险分担合同。在电影行业共同代理条件下，现成的纵向控制方式抽成制就是一种风险分担合同。但由于信息不对称，电影制作商和发行商既不能观测到多个代理人（多个放映商即院线）的行为，也不能观测到产出（真实票房收入），除非给放映商100%票房分账比例，否则，真实票房收入难以显示。

第四节　中国电影售后垄断与“偷票房”

一、纵向外部性下的售后市场道德风险

在纵向控制理论中，纵向外部性通常表现为双重加价、下游零售商道德风险、双边道德风险、零售商搭便车问题、零售商区位优势对制造商外部性问题（Tirole，1988）。在完全信息条件下，Tirole（1988）证明，在合法的范围内实施纵向约束可以达到纵向一体化的同等效应。然而在中国纵向分离结构的电影产业中，由于电影制作商和发行商对下游放映商（院线、影院）的售票行为及收入信息不对称，影院为零售终端，对票房销售情况、票房收入具有完全的信息，而电影制作商和发行商对电影票房销售、收入的信息是不完全的。在此情况下，电影产业的共同代理、转售价格控制、抽成制的纵向约束方式不能实现纵向一体化的效应。尽管票房分账制能有效激励放映商的放映服务。然而在信息不对称条件下，下游放映商对票房分账契约难以完备执行，放映商基于机会主义会隐瞒真实票房“偷票房”，损害电影制作商和发行商的利益。

二、“偷票房”方式

在中国电影产业中，共同代理、转售价格控制、抽成制的纵向

约束方式不能实现纵向一体化的效应，票房分账契约难以完备执行。具体来说。就是放映商具有道德风险并产生“偷票房”行为。

“偷票房”就是在信息不对称条件下，影院通过转移票房或少报票房方式，导致影片收入少于正常票房收入的行为。

转移票房一般是基于每部电影与影院分账比例高低的差异，影院把参与票房分成比例低的电影的票房收入计入参与票房分成比例高的电影票房收入当中。比如，影院同期上映电影A和电影B，A为高质量电影，B为低质量电影。如果电影A制作商或发行商参与票房收入分账比例高于电影B（从影院从来看，影院参与电影B的票房分账比例高于电影A），影院为获得最大收益，对消费者出售B电影的票，消费者持B电影的票，却观看A电影。结果A电影票房收入减少了，而B电影票房收入提高了，影院参与A、B两部电影的票房收入分成总体提高了。出电影B票看电影A包场（将整场票房挪到另外的影片上）、会员预售票（影票只标明放映厅，不标明电影名）、搭配销售（用高质量影片捆绑低质量影片，影票价格却只相当于一部或者不到两部影片的票价，票房平均计入两部影片或只计入低质量影片）等形式为通常的票房转移形式。

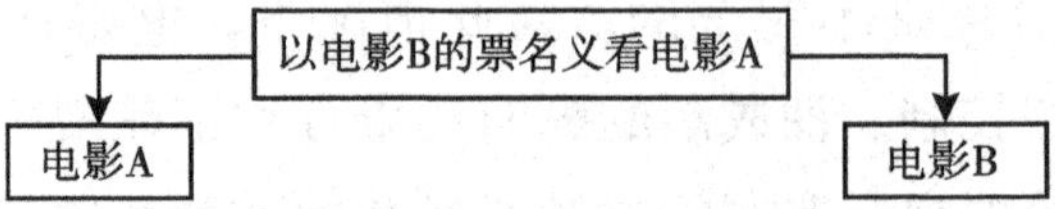

图5-2　转移票房

少报票房则基于影院避开技术系统，使部分票房未纳入正常票房收入中。如手工出票，逃避售票系统；加座，票房收入未归入正常系统；双售票系统，未纳入正常系统售票等。包场不报，影院在收到包场票款后，观众只凭包场券（不通过售票系统出票）即可观看电影，包场的票房隐瞒不报；套餐票，影院售票票价包括食品（饮料或零食）价格，但食品饮料价格占据电影票的大部分比例，成为影院自主收入。

三、“偷票房”效应

从“偷票房”的几种方式来看，最主要的“偷票房”方式是转移票房，即放映商把参与票房分账低的电影票房转移到分账比例高的电影中。下面主要以转移票房的“偷票房”形式进行研究。

（一）基本模型

假设 1：假设电影制作商和发行商不能观测到放映商售票行为

同经典的委托—代理理论不一样的是，制作商和发行商不能观测到产量的真实信息，即票房收入。放映商拥有票房销售行为和票房收入的全部信息，而电影制作商和发行商不拥有放映商票房销售行为和票房收入的真实信息。

假设 2：在信息不对称情况下，国家有关部门会对放映商“偷票房”行为会进行监督查处

监督成本越高，放映商“偷票房”被发现概率越高；放映商“偷票房”幅度越大，越容易被发现并查处。

在上述假设条件下，设放映商的票房收入分账比例为 ∂（$0\leqslant\partial\leqslant1$），$\partial=0$ 时，放映商票房分账比例为零，当 $\partial=1$ 时，放映商获得全部的票房收入。

设放映商“偷票房”幅度为 β（$0\leqslant\beta\leqslant1$），当 $\beta=0$ 时不会“偷票房”，当 $\beta=1$ 时，影院偷取了电影的全部票房。

假设电影制作商和发行商自己不会付出成本对“偷票房”进行监督和查处，“偷票房”完全由国家有关部门投入进行监督查处。设 C_c 为国家有关部门对“偷票房”付出的监督查处成本，为研究方便，$0\leqslant C_c\leqslant1$，并设放映商“偷票房”被查处的概率为 r。根据假设 2，有 r'（C_c）>0，r''（C_c）>0，r'（β）>0，

$r''(\beta)>0$。由此，可设 $r=b\beta xC_c$，且 $0<b$，$x<1$。

设影片制作和发行成本为 C_i（$i=1$，2，3……，n），但不管何种影片，放映成本均为 C^*。

在放映商存在道德风险的条件下，高质量电影制作商和发行商期望利润为

$$E\pi_1=(1-\partial_1)(1-\beta)Q_1p_1-C_1+rC_a \tag{5.1}$$

其中，C_a 为放映商“偷票房”被发现查处后的罚款金额（$C_a=a\beta Q_ip_i$，a 为在一定的法律法规条件下的罚款力度，$a>0$），并假设在一定的法律法规条件下，罚款金额全部归被“偷票房”电影制作商和发行商所有。

若放映商产生“偷票房”行为，则其期望利润为

$$E\pi_3=\partial_iQ_ip_i+(1-r)\beta\partial_jQ_ip_i+\partial_jQ_jp_j-2C^*-rC_a \tag{5.2}$$

在中国电影行业“偷票房”现实中，主要表现为低质量电影偷取高质量电影的票房。当放映商产生“偷票房”行为时，“偷票房”会导致纵向外部性，即在放映商“偷票房”可增加自身收益的同时，也会给低质量电影带来正收益，则低质量电影制作商和发行商的利润为

$$\pi_2=(1-\partial_2)Q_2p_2+(1-\partial_2)\beta Q_1p_1-C_2 \tag{5.3}$$

其中，$(1-\partial_2)\beta Q_1p_1$ 为低质量电影参与放映商“偷票房”收益的分成收入。

（二）“偷票房”条件与幅度

在上述假设条件 1 和假设 2 的基础上，再做假设 3。

假设 3：设定电影制作商一旦选择并确定了其电影产品质量 θ

该电影获得观众人数（需求）也就确定了，也就是说一旦电影制作商选择了一个质量，就会有一个稳定明确的市场需求 $Q_i(\theta_i)$。有 $Q'(\theta)>0$，$Q''(\theta)<0$。

假设 4：假设影院同期上映两部电影 A 和电影 B。

A 为高质量电影、B 为低质量电影。由于高质量影片与一般的影片和低质量影片具有差异化优势，具有一定的市场势力，因此高质量电影的制作商和发行商参与票房分成的比例（$1-\partial_1$）大于低质量电影的分成比例（$1-\partial_2$），即 $\partial_1 < \partial_2$，且高质量电影的票价高于低质量电影的票价。

此外，电影质量 θ 与电影票价 p、放映商参与票房分成比例 ∂、电影制作、发行成本 C 为正相关，有 $p'(\theta)>0$，$p''(\theta)<0$；$\partial'(\theta)<0$，$\partial''(\theta)<0$；$C'(\theta)>0$，$C''(\theta)>0$。

1. 正常放映条件下的票房收入分配

在不考虑“偷票房”处罚成本的情况下，放映商偷取电影票房的幅度 β 由高质量电影与低质量电影制作商参与分成比例的大小 ∂_2、∂_1 决定。

若放映商单独放映或无偷票房现象，电影 A 和电影 B 利润分别为

$$\pi_1^* = [1-\partial_1(\theta_1)]\, Q_1(\theta_1)\, p_1(\theta_1) - C_1(\theta_1) \quad (5.4)$$

$$\pi_2^* = [1-\partial_2(\theta_2)]\, Q_2(\theta_2)\, p_2(\theta_2) - C_2(\theta_2) \quad (5.5)$$

由于电影票价、观众人数、票房分成比例、制作和发行成本等与电影质量 θ 的关系为 $p'(\theta)>0$，$p''(\theta)<0$；$Q'(\theta)>0$，$Q''(\theta)<0$；$\partial'(\theta)<0$，$\partial''(\theta)<0$；$C'(\theta)<0$，$C''(\theta)<0$。因此电影制作商和发行商总是选择最优的质量 θ 最大化利润。用 θ_1、θ_2 分别对式（5.4）、式（5.5）求一阶导数，最大化利润条件分别为

$$\begin{aligned} &-\partial'_1(\theta_1)\, Q_1 p_1 + (1-\partial_1)\,[(Q_1(\theta_1)\, p'_1(\theta_1)] \\ &+ [Q'_1 p_1(\theta_2)] \\ =& C'_1(\theta_1) \end{aligned} \quad (5.6)$$

$$-\partial'_2(\theta_2)Q_2p_2+(1-\partial_2)[(Q_2(\theta_2)p'_2(\theta_2)]+[Q'_2p_2(\theta_2)]=C'_2(\theta_2) \tag{5.7}$$

由式（5.6）和式（5.7）可知，在正常放映条件下，电影制作商和发行商利润最大化要求电影边际质量收益等于边际质量成本。

2.“偷票房”条件下“偷票房”幅度与处罚力度

在不正常放映条件下，即存在放映商“偷票房”，根据基本模型式（5.2），放映商同期放映高质量电影与低质量电影两部电影的期望利润为

$$ER=\partial_1(1-\beta)Q_1p_1+(1-r)\beta\partial_2Q_1p_1+\partial_2Q_2p_2-2C^*-rC_a \tag{5.8}$$

其中，$\partial_1(1-\beta)Q_1p_1$ 为放映商参与电影 A 被“偷票房”后的票房分账收入，$(1-r)\beta\partial_2Q_1p_1$ 为放映商偷电影 A 票房且算入电影 B 票房后，参与电影 B 票房分账收入。

放映商“偷票房”期望收益应大于不“偷票房”正常放映条件下的收益，因此放映商的参与约束条件为

$$\text{s.t. } ER\geqslant\partial_1Q_1p_1+\partial_2Q_1p_1-2C^* \tag{5.9}$$

根据前面设被查处概率 $r=b\beta xC_c$（$0<b$，$x<1$）和处罚力度为 $C_a=a\beta Q_ip_i$，（$a>0$）。放映商最大化期望利润条件为对 β 的一阶条件为零，得：

$$\beta=\frac{(\partial_2-\partial_1)}{2xbC_c(\partial_2+a)} \tag{5.10}$$

讨论：

（1）$\partial_2=\partial_1$ 时，$\beta=0$，即当高质量电影与低质量电影给放映商票房分账比例相同时，放映商不会产生“偷票房”行为。

（2）当 $\partial_2\neq\partial_1$，且 $\partial_2>\partial_1$ 时，$\beta>0$，即放映商会产生“偷票房”行为。此时国家有关监督部门付出的监督成本与“偷

票房”动机密切相关，若高质量电影制作商和发行商自己不进行监督，国家付出的监督成本也极小（$C_c \to 0$），“偷票房”行为几乎不被发现，有关处罚“偷票房”的法律法规形同虚设，处罚额度 a 可理解为等于 0，即可理解为“偷票房”可以完全明目张胆且不受任何处罚。此时放映商“偷票房”动机最大，“偷票房”的最高临界值为

$$\beta=\frac{\partial_2-\partial_1}{2xbC_c\partial_2}=1\text{（因为 }0\leqslant\beta\leqslant1\text{，因而此时不是 }\beta\to0\text{）} \tag{5.11}$$

当国家监督程度 C_c 增大时，放映商“偷票房”动机逐渐减弱。若国家付出最大监督程度 $C_c=1$，同时国家对“偷票房”处罚力度也相当大 $a\geqslant1$，即罚款为“偷票房”的数倍，放映商“偷票房”动机最小化，为

$$\beta=\frac{(\partial_2-\partial_1)}{2xb(\partial_2+a)}\to0 \tag{5.12}$$

推论 1：由讨论（1）、（2）及（3）可得到推论 1：当多部电影同期在相同影院放映时，放映商“偷票房”行为与不同影片给放映商的票房分账比例，以及一定监督条件的处罚力度紧密相关。只有当监督程度和处罚力度足够大，放映商“偷票房”行为才会最小化。

（三）“偷票房”的智猪博弈

由推论 1 可知，当同期上映电影 A 和电影 B 给放映商的票房分账比例之差大于“偷票房”处罚力度时，则会发生“偷票房”行为。如果高质量电影与低质量电影制作商和发行商可预期到放映商会“偷票房”，但并不能观测到放映商“偷票房”行为及真实票房收入的信息。那么高质量电影和低质量电影与放映商签订契约类似于智猪博弈。

（1）在独立（正常）放映下，高质量电影与低质量电影利润

分别式（5.4）和式（5.5）的π_1^*和π_2^*。

（2）当$\partial_2-\partial_1>0$，$\beta>0$，放映商产生“偷票房”行为，高质量电影与低质量电影利润分别为

$$\pi_1^{\Delta}=(1-\partial_1)(1-\beta)Q_1p_1-C_1+abxC_c\beta Q_1p_1;\quad(5.13)$$
$$\pi_2^{\Delta}=\pi_2^*+(1-\partial_2)\beta Q_1p_1$$

目前，在中国对“偷票房”监督程度和处罚力度小的现实情况下，“偷票房”被处罚损失几乎为零，由式（5.4）、式（5.5）和式（5.13）比较可得：

$$\pi_1^*>\pi_1^{\Delta};\ \pi_2^{\Delta}=\pi_2^*\quad(5.14)$$

在中国对“偷票房”监督和处罚力度很小的现实情况下，高质量电影和低质量电影和放映商签订票房分账比例的博弈如下博弈矩阵。

		低质量电影	
		先签订	等待签订（后签订）
高质量电影	先签订	π_1^*，π_2^*	π_1^{Δ}，π_2^{Δ}
	等待签订（后签订）	π_1^*，π_2^*	0，0

图 5-3　高质量电影与低质量电影智猪博弈

由于高质量电影在对影院的分账比例谈判中有优势，如果低质量电影先签订，高质量电影后签订，高质量影院给影院的分账比例也不会高于低质量电影给影院的分账比例，最多是$\partial_1=\partial_2$。因此在这个博弈中，假设两部电影制作商和发行商都是理性的，不论高质量电影选择何种策略，对于低质量电影来说，“等待签订”都严格优于“先签订”，因而理性的低质量电影会选择“等待签订”。那么高质量电影会正确预测到低质量电影会选择“等待签订”，高质量电影的最优策略是选择“先签订”。这样“先签

订，等待签订”是这个博弈的唯一纳什均衡。

推论 2：根据上述博弈可得出，在电影行业中，在电影制作、发行商与放映商票房分账比例博弈中，低质量电影比高质量电影具有优势，低质量电影给放映商的票房分账比例会比高质量电影高，并偷取高质量电影的票房。

（四）“偷票房”的柠檬效应

由于在“偷票房”的博弈中，高质量电影与低质量电影票房分账比例决策是一个智猪博弈，因此在电影行业中，总是低质量电影偷取高质量电影的票房，而不是高质量电影偷取低质量电影的票房。那么低质量电影偷取高质量电影票房对整个行业会产生何种影响呢?

在正常情况下，根据式（5.4）和式（5.5），电影制作商和发行商最大化利润要求边际质量收益等于边际质量成本。在存在“偷票房”的情况下，根据式（5.13），高质量电影和低质量电影利润分别为

$$\pi_1^{\Delta}=(1-\partial_1)(1-\beta)Q_1p_1-C_1+rC_a \tag{5.15}$$

$$\pi_2^{\Delta}=\pi_2^{*}+(1-\partial_2)\beta Q_1p_1 \tag{5.16}$$

用 θ_1、θ_2 分别对式（5.15）和式（5.16）求一阶导数，最大化利润条件分别为

$$\begin{aligned}&(1-\beta)[-\partial_1'(\theta_1)Q_1p_1+(1-\partial_1)]\\&+\{[Q_1(\theta_1)p_1'(\theta_1)+Q_1'p_1(\theta_2)]\}\\&\{ra\beta([Q_1'(\theta_1)p_1+p_1'(\theta_1)Q_1)]\}\\&=C_1'(\theta)\end{aligned} \tag{5.17}$$

$$\begin{aligned}&\{[-\partial_2'(\theta_2)Q_2p_2+(1-\partial_2)][(Q_2(\theta_2)p_2'(\theta_2]\\&+[Q_2'p_2(\theta_2)]\\&=C_2'(\theta_2)+\partial_2'(\theta_2)\beta Q_1p_1\end{aligned} \tag{5.18}$$

比较式（5.6）和式（5.17）可看出，在“偷票房”情况下，

在高质量电影最大化利润条件中边际质量收益降低了，如何没有一个边际质量处罚收益弥补，即如国家监督不力或不存在监督，边际质量处罚收益 $ra\{[Q_1'(\theta_1)p_1+p_1'(\theta_1)Q_1]\}$ 极小或不存在，那么高质量电影收益减少了，高质量电影只有通过降低质量来降低边际质量成本以实现最大化利润。

同理，比较式（5.7）和式（5.18）可看出，在“偷票房”情况下，低质量电影边际质量收益增加了 $\partial_2'(\theta_2)\beta Q_1p_1$，低质量电影可进一步降低质量，以节省成本实现利润最大化。

在不考虑社会经济技术对电影质量自然增长的情况下，电影行业制片商的电影质量投资就会发生棘轮效应，如此往复，导致整个电影市场都是劣质品。

推论 3：在电影行业对“偷票房”监督不力的情况下，低质量电影会偷取高质量电影票房，并使电影边际质量收益与边际质量成本偏离正常条件下的利润最大化条件。

第五节　中国电影产业售后市场监管建议

前文分析认为，“偷票房”会使电影边际质量收益与边际质量成本偏离正常条件下的利润最大化。为实现“偷票房”情况下的利润最大化，高质量电影会降低电影质量，低质量电影会进一步降低电影质量。最终使整个电影市场产品质量恶化，劣质电影驱逐优质电影，整个行业出现柠檬效应。为此，要优化中国电影产业售后市场监管机制。

一、重构电影产业纵向结构

如前分析，中国电影产业是纵向分离结构，在抽成制、转卖价格控制、共同代理的纵向控制方式中，如果对“偷标房”监督与处罚不力，不能有效约束放映商的道德风险，票房分账契约难以完备执行，就会出现“偷票房”问题。消除“偷票房”现象，需要重构电影产业纵向结构，加大监督与处罚“偷票房”力度。

一要鼓励、引导电影企业全产业链布局。在西方国家，许多电影公司实现了制作—发行—放映一体化，片源供给具有很强的排他性，可杜绝电影制作商的电影作品被“偷票房”。因此，应鼓励有实力的电影制作商向下游放映环节延伸，鼓励下游实力雄厚的院线企业向上游制作、发行环节延伸。

二要引导鼓励电影制作商和发行商与院线企业相互参股控股，形成利益共同体，减少“偷票房”动机。

二、实施独家买断

改革纵向控制的票房抽成制和共同代理制，实行电影放映权独家买断。电影制作商根据其私人成本信息，以成本加成报价拍卖其电影一定时期内的放映权。放映商根据电影作品质量情况向电影制作商买断该影片一定时期内（如一季度、半年或一年）全国的放映权。在这个拍卖博弈中，电影制作商拥有电影制作成本的私人信息，可根据其成本信息适时选择放映权购买商。放映商根据影片质量报出相应的价格。双方达成一定时期内的影片放映权价格。因为放映商买断了放映权，承担票房收入全部风险，放映商不仅不会偷该影片的票房，而且还会提供利润最大化放映服务。

三、加强对“偷票房”的监督

（1）提升技术监督手段。2014 年 1 月，广电总局下发了《关于加强电影市场管理规范电影票务系统使用的通知》，提出“严格完善票务软件产品市场准入制度”“切实加强票务软件产品市场应用管理要求”，同时还提出“严格规范影院经营行为”。但是在有利于防止影院"偷票房"的技术硬件上没有做相应的规定。实际上在当前信息技术条件下，利用技术手段解决"偷票房"问题十分经济。因此，广电总局应该出台影院建设标准化政策，强制影院在入场处安装进场感应系统和影院电子扫描系统，实行全国联网并和票务系统相通。感应系统和电子扫描系统较精确地计算观众人数，自动生成，并与票务系统的售票情况自动比对，及时发现"偷票房"现象。

(2) 引导构建监管"偷票房"市场化机制。引导成立和发展电影票房监督公司。票房监督公司是专业性的监督企业。监督公司接受电影制作商的委托，以固定合同价外加监督业绩提成取得收入，派驻员工对该电影制作商的电影放映点进行监督。监督公司的员工可以凭借电影制作商委托方提供的有关证件自由出入影院。影院必须无条件接受监督员的监督条件。监督员有权去机房察看，去影厅查点观众人数，可要求影院提供实时的放映报表和排单计划表。

(3) 实行电影购票实名制。在当前电影第三方线上购票系统十分成熟的情况下（如线上购票系统有淘票票、猫眼、百度糯米等），电影实名制购票成为了可能。实名制购票不仅可防止"偷票房"，还可防止电影制作商或发行商刷单，自行购买电影票或包夜场"幽灵场"，营造影片"繁荣"假象，甚至以其来抬高公司股价。当然购票实名制是购票者需要实名制，而不是每一张票均需要实名制。比如，张三购买三张票和朋友一起看电影，购票者张三在购票时需要实名，其余两张票不需要实名。

第六章　中国售后市场反垄断政策体系

第一节　中国售后市场反垄断政策与实践难点

尽管目前中国在汽车产业进行了售后市场反垄断，出台了《汽车维修技术信息公开实施管理办法》和《汽车行业反垄断指南》，但是中国售后市场反垄断还面临着几个政策实施难题。

一、售后市场的相关市场界定的问题

要实施售后市场反垄断政策，首先要进行相关市场界定，但目前《中华人民共和国反垄断法》（简称《反垄断法》）及相关反垄断案例对售后市场的相关市场界定还不十分明确。这是因为，在售后市场的产业中不同品牌的产品，其售后市场零配件、技术信息是不兼容的，需求替代和供给替代分析均不能有效识别售后的相关市场。事实上，在具有售后市场垄断特征的产业中，售后市场垄断定价与产品市场的市场结构是无关的，即不管各厂商在产品市场上市场占有率多少，各厂商在售后市场均存在垄断。如汽车产业中市场占有率高的大众和占有率较低的奇瑞在它们的售后市场均存在垄断。这使得售后市场的相关市场界定更为

复杂和难以操作。

2019年1月，国务院印发的《汽车业的反垄断指南》（简称《指南》）第一章第三条关于汽车“相关商品市场”界定方法表述为：“汽车业相关商品市场界定的基本方法是替代性分析，在个案中界定相关商品市场时，可以基于商品的特征、用途、价格等因素进行需求替代分析，必要时进行供给替代分析。比如，汽车经销由批发和零售两个环节构成，批发由汽车供应商面向经销商，零售由经销商面向最终用户。根据个案具体情形，可能需要将汽车批发和零售分别界定为细分的相关商品市场；汽车经销市场还可以从需求替代和供给替代的角度进一步细分。汽车售后市场可以分为售后配件经销市场和售后维修保养市场，也可以根据替代性分析进一步界定。”

《指南》把汽车售后市场分为配件市场和维保市场，忽视了售后市场与汽车销售市场之间的关系（锁定关系、利益一体）。

二、判定厂商在售后市场滥用了市场支配地位的问题

美国早期的《谢尔曼法》根据哈佛学派的观点，认为应该对垄断企业进行反垄断。后来芝加哥学派认为规模和集中度高是具有效率的表现，不应该进行反垄断，反垄断的对象应该是企业是否滥用了市场势力，是否构成了不正当竞争的垄断行为。从《谢尔曼法》和芝加哥学派的观点来看，不能从市场结构的角度来考虑因企业大、市场占有率高就要进行反垄断，而是要看其市场行为是否存在滥用市场支配地位，是否存在反竞争效应。《反垄断法》第十七条规定：禁止具有市场支配地位的经营者从事下列滥

用市场支配地位的行为。[①]

从哈佛学派、芝加哥学派的主张可看出，反垄断对象都是具有市场势力的企业。只不过哈佛学派关注市场结构，芝加哥学派更关注的是市场行为。那么拥有市场势力是滥用市场势力的必要前提吗？不存在市场势力的企业是否也有滥用市场势力的机会？在汽车产业、各种家用电器产业、手机产业等都存在市场势力大小不同的企业，但不管各企业市场势力大与小，各个企业均可在售后市场实施垄断，并制定垄断价格。比如在汽车产业，不管是品牌影响力小还是大，也不管是市场占有率高还是低，市场占有率不同的不同品牌的汽车企业在它们的售后市场都同样具备制定垄断高价的能力。比如大众汽车与夏利汽车，前者在产品市场的品牌、市场有占有率均远优于后者，但由于汽车配件的专用性及特定技术信息的专有性，二者在其各自的售后市场均具有完全的垄断定价能力。在具有产品市场与售后市场的产业中，衡量企业的市场势力是在产品市场环节还是售后市场环节？如何判定企业是否滥用了市场支配地位？如果沿用现有反垄断政策及方法对售后市场实施反垄断，只反大企业不反小企业，那么与现实中大企业和小企业在售后市场均存在垄断行为的情况不相符。这些问题不厘清，售后市场反垄断政策可能陷入误区。

国务院印发的《汽车业的反垄断指南》对汽车滥用市场支配地位的表述为："根据《反垄断法》第十七条对市场支配地位的定义，以及第十八条关于认定经营者具有市场支配地位应当依据的因素，在新车销售市场上不具有支配地位的汽车供应商，在其

① （一）以不公平的高价销售商品或者以不公平的低价购买商品；（二）没有正当理由，以低于成本的价格销售商品；（三）没有正当理由，拒绝与交易相对人进行交易；（四）没有正当理由，限定交易相对人只能与其进行交易或者只能与其指定的经营者进行交易；（五）没有正当理由搭售商品，或者在交易时附加其他不合理的交易条件；（六）没有正当理由，对条件相同的交易相对人在交易价格等交易条件上实行差别待遇；（七）国务院反垄断执法机构认定的其他滥用市场支配地位的行为。

品牌汽车售后市场上可能被认定为具有支配地位。对于未达到《反垄断法》第十九条规定的市场支配地位推定标准的经营者，其在售后配件的生产、供应与流通，以及维修技术信息、测试仪器和维修工具的供应过程中实施的纵向限制，根据《反垄断法》第十四条与第十五条进行评估。”

从《汽车业的反垄断指南》对汽车销售市场和售后市场关系，以及对售后市场是否具有支配地位的评估来看，目前政策没有关注汽车产业销售市场与售后市场存在交叉补贴问题，即没有关注组合定价问题。如果汽车制造商在销售市场低利甚至亏本销售，只是为了在售后市场获取利润，从而获得一个销售市场和售后市场组合性定价的利润。那么，这种情况的售后市场具有支配地位是否需要反垄断呢？这需要根据产业的具体特征及产品市场与售后市场价格结构的实际情况来判断。

三、售后市场反垄断政策的效率问题

售后市场实施反垄断政策是否更能促进产业效率？如果不能，售后市场反垄断就失去了现实基础。根据《反垄断法》第七章第四十六、第四十七和第四十八条规定的经营者违反《反垄断法》相关条例，以及中国当前对汽车售后市场反垄断法规，对汽车售后市场垄断行为的处罚主要有三种：垄断罚款处罚、售后市场开放和公开维修技术信息。下面分别就三种汽车售后市场反垄断措施分析对产业绩效的影响。

（一）反垄断罚款对厂商和消费者剩余的影响

具有售后市场特征产业的定价是产品市场与售后市场价格的组合定价，是企业实现产品市场与售后市场的联合利润最大化，若对售后市场进行反垄断罚款，企业为达到利润平衡（反垄断政策后的利润不少于反垄断前的），必然要提高产品市场上的价格。

由于售后市场反垄断政策迫使企业提高产品市场上的价格，若消费者更关注眼前的产品价格，那么消费者对产品的需求将下降。由于前后两个市场存在网络外部性，售后市场需求会同等下降。这不但会使企业的整体利润下降，而且由于需求减少，全社会的消费者总剩余也会减少。

（二）售后市场开放竞争对服务质量的影响

目前，中国具有售后市场的产业通常是采取独家授权的纵向约束方式实现售后市场垄断。如果反垄断政策使厂商开放售后市场，所有服务商（包括授权售后服务商和所有第三方独立服务商）均可参与某品牌产品的售后市场，且技术信息是公开的，那么售后市场服务质量就可能不确定（如低质假冒配件横行），消费者在售后市场就要承担很大的安全风险；或者消费者要规避售后风险，必须支付很高信息搜寻成本以辨别售后质量。比如目前汽车零配件供应是汽车制造商在采购渠道、价格、品牌等方面对授权维修商实施纵向控制，但如果售后反垄断政策规定汽车制造商不应该限制授权经销商和授权维修商在制造商规定的渠道之外采购零配件的权利，即汽车经销商和维修商可按自身意愿购买同质配件或从其他渠道购买配件，那么维修商可能出现道德风险，为追求短期利润最大化而采用低成本、低质量的非原厂配件，使消费者承担很大风险。因此，开放售后市场对产品质量的影响是不确定的。售后市场开放可能导致售后市场服务质量下降和消费者成本的上升，因此在实施售后市场反垄断政策的同时，必须全面加强售后市场服务质量的监管。

（三）公开维修技术信息对产业创新的影响

售后市场开放，不但允许第三方独立服务商进入形成竞争，还需要产品制造商公开维修技术信息。那么中国《汽车维修技术信息公开实施管理办法》要求汽车制造商公开维修技术信息。《汽车业的反垄断指南》规定："汽车售后市场有效竞争需要保障售后维修技术信息的可获得性，同时保障测试仪器和维修工具的可获得性。因此，在其品牌汽车售后市场上具有支配地位的汽车供应商，无正当理由，不应限制维修技术信息、测试仪器和维修工具的可获得性。”包括：“1. 限制维修商获取特定品牌汽车维修技术信息的权利和渠道；2. 限制测试仪器、维修工具或其他设备供应商向经销商和维修商销售有关测试仪器、维修工具或其他设备；3. 对维修技术信息设置过高市场价格，限制维修技术信息有效公开，制约汽车维修商获取有关技术信息。”

那么公开技术信息对产业创新会产生何种影响？布兰切（Branch，1974）认为，利润是企业研究开发的经费来源。格罗斯曼和夏皮罗（Grossman and Shapirl，1987）也认为，企业赢得优势取决于企业创新支出。企业技术信息通常是企业专有性创新成果，公开技术信息会使企业创新的动机减弱。一方面，在产品市场处于竞争性的情况下，公开技术信息会使企业在售后市场失去垄断定价能力，创新的资金来源受到约束，会阻碍企业的创新，不利于产品质量的提升。另一方面，公开技术信息在产业内会产生知识溢出效应。知识溢出会降低企业的创新动机，由此公开售后维修技术信息可能导致产业创新不足。因此在实施售后市场反垄断政策的同时，企业专有性信息技术公开必须进行相应的补偿，以激励企业继续创新。

第二节　中国的售后市场反垄断政策体系构建

一、中国售后市场相关市场界定

借鉴欧盟有关汽车售后市场反垄断条款，针对不同产业售后市场的特征，可以按以下原则售后市场进行相关市场界定。

（一）知识与技术兼容性及交叉弹性

多数产业售后市场具有高度的知识产权特征，如汽车、空调、彩电、手机产业的零配件具有专用性及技术信息专有性。因而即使是同一产业，产品对于消费者来说是可替代的，但售后市场的零配件是不可替代的。如大众汽车与福特汽车在产品市场上是可竞争的，但它们在售后市场上的配件就不能相互通用，涉及保养、维修的内部技术参数及信息也不同。因此可以以售后市场同类知识与技术界定相关市场。

以 X_{ij}（$i=1$，2，$3\cdots n$；$j=1$，2，3，……，m）表示某一产业中 n 种不同品牌产品的 m 种售后市场配件。那么就可以以配件的兼容性分为 m 个配件进行测量。若一组配件在标准、技术上是兼容的，则为相关市场，否则为特定品牌市场。如佳能与惠普打印机的硒鼓，若二者标准和技术兼容且能通用，则为相关市场，否则为各品牌的独立市场。

标准与技术兼容可以以工信部或其他权威技术部门的标准和技术参数为依据。进一步地为界定标准及技术兼容的相关市场，还需要计算各品牌配件之间的需求交叉弹性。通常具有售后市场的产业，其售后市场是通过授权区域售后服务商进行经营，因此计算需求交叉弹性时要界定好区域范围。

（二）特定单一品牌的售后市场

若产业中各品牌售后市场零配件、技术信息是不兼容的，各品牌之间的售后市场完全不具有可替代性，可借鉴欧盟有关条款，按产品的品牌将相对应的配件、耗材，或维修服务界定为单一品牌市场（Single brand markets）。比如，某产业中有 n 种品牌且零配件均不兼容，则有 n 个售后市场。

（三）特定单一品牌纵向商品群

商品群理论是 1963 年在美国费城国民银行案件中提出来的。

商品群理论是在需求替代认定基础上，通过对一系列商品组合后形成的关系进行分析来确定不同产品之间形成的特殊竞争关系。由于不同品牌之间的产品是竞争性的，而售后市场是各自垄断的，传统的需求替代和供给替代分析均不能有效识别售后的相关市场，SSNIP市场界定法也并不能有效界定售后相关市场。实际上，特定品牌的产品市场与售后市场服务其实就是一种组合性商品，且这种组合商品具有明显的纵向关系，即产品市场和售后市场的需求、价格具有交叉弹性，因此可把特定单一品牌的前后市场来界定相关市场。

二、售后市场反垄断的公平化与差别化政策

通常，在具有售后市场垄断特征的产业中，不管各企业在产品市场上占有率是多少，各企业在售后市场均存在垄断。那么从理论上讲，反垄断政策就不应该只针对产业中的大企业，而应该无歧视性地、公平地针对所有企业。但是由于不同的产业具有不同的技术经济特征、垄断行为的特殊性，以及反垄断政策可能造成经济后果不同，在遵循公平化的同时，还应该实施差别化政策，不然就可能误伤产业。因此在售后市场反垄断政策中，要以本身违法原则与合理原则相结合来判定与实施售后市场垄断行为的集体豁免。

（一）差别化政策

对于国家重点扶持的战略性新兴产业，或在整个国民经济中占比小，且消费者在售后市场承担绝对费用相对较低的产业（如打印机的硒鼓更换、各品牌手机售后维修、复印机更换墨盒，比汽车产业售后市场的绝对费用小），尽管也存在售后市场垄断，但如果该产业处于起步阶段，售后市场垄断就有一定的合理性。这就需要根据产业的实际情况不同有差别化地实施售后市场反垄

断政策。

（二）反垄断政策实施的本身违法原则与合理原则

根据中国产业发展的实际情况，实施售后市场反垄断政策首先需要甄别企业在售后市场哪些垄断行为需要进行反垄断，哪些行为垄断有一定的合理性不应该进行反垄断。这需要根据不同产业的经济技术特征测定售后市场垄断对社会福利的损害程度，并科学、合理地实施售后市场反垄断政策。如由于产品是竞争的，售后市场是垄断的，企业通过前低后高，即售后市场补贴产品市场，那么衡量企业在售后市场是否滥用市场支配地位，要考虑产品市场与售后市场二者的整体价格的加成幅度，以及是否损害了社会福利（社会福利不应只考虑消费者剩余，而应考虑厂商和消费者加总的社会总剩余）。

（三）建立集体豁免制度

针对不同产业的实际情况，如对厂商不公开构成其核心竞争力并拥有知识产权的关键技术、不具有显著市场力量的厂商限制经销商跨区销售、厂商实施零配件转售价格限制等，应该建立集体豁免制度。

三、中国售后市场滥用市场支配地位的判断

在具有售后市场特征的产业，不管各品牌厂商的市场份额多少，每个品牌的厂商均在其售后市场具有垄断势力，那么各厂商到底有没有滥用市场支配地位呢？如何判定厂商滥用了市场支配地位？

《中华人民共和国反垄断法》（简称《反垄断法》）规定的滥用市场支配地位的情况有：没有正当理由，拒绝与交易相对人进行交易；没有正当理由，限定交易相对人只能与其进行交易或者只能与其指定的经营者进行交易；没有正当理由搭售商品，或者

在交易时附加其他不合理的交易条件；没有正当理由，对条件相同的交易相对人在交易价格等交易条件上实行差别待遇。[①]

按照《反垄断法》关于售后相关市场界定的三个原则，可把特定单一品牌作为组合性商品进行相关市场界定，并依据《反垄断法》中关于滥用市场支配地位中的“没有正当理由”来判断厂商在售后市场上哪些行为“具有正当理由”，哪些“没有正当理由”，从而判断厂商是否滥用了市场支配地位。

（一）不公开核心技术机密的正当理由不构成滥用市场支配地位

特定单一品牌制造商在售后市场拒绝交易是否涉及并威胁构成其核心竞争力的专用性技术机密？通常，具有售后市场特征的产品是由许多零配件构成。其中有些零配件是行业通用性（如电视机中的保险丝、汽车轮胎等，一般厂商是采取合同外包生产），而有些零配件是厂商核心竞争力所在，具有高度的机密性和专用性（如汽车发动机、手机芯片等）。因此，厂商有售后市场上不公开核心零配件的技术信息，拒绝交易（不向第三方独立服务商开放）或限定交易相对人只能与其进行交易具有“正当理由”。反之，如果企业对非核心非机密零配件拒绝交易则为“没有正当理由”，判定为滥用市场支配地位。但中国《汽车维修技术信息公开实施管理办法》（简称《办法》）中对构成汽车核心竞争力的机密性、专用性的关键技术和信息的拒绝交易并没有明确。所以该《办法》中应该明确对于汽车维修技术信息公开的应该是一般性的零配件，以及汽车技术信息，而企业不公开具有高度商业价值和涉及其核心竞争力的技术信息是具有“正当理由”的，不构成滥用市场支配地位，不应该纳入售后市场反垄断的范畴。

① 《中华人民共和国反垄断法》第三章第十七条。

（二）专有性技术不兼容正当理由不构成滥用市场支配地位

差异化竞争是品牌竞争的主要手段，差异化竞争使各品牌的零配件在技术上难以兼容。出于技术的保密性和维护企业的竞争优势，技术上的不兼容可使企业在售后市场拒绝交易（不向第三方独立服务商开放）或限定交易相对人只能与其进行交易有其“正当理由”。但是如果是品牌之间通用性的零配件，只存在某些物理规格上的差异而拒绝交易或限定交易相对人只能与其交易（如手机外壳、汽车保险杠、车窗玻璃、打印机硒鼓、自动售货机某些外部零件等），即“没有正当理由”，可判定为滥用市场支配地位。

（三）正常市场回报率的正当理由不构成滥用市场支配地位

Klein（1996）认为，厂商定价是产品与售后服务在一起组合性价格。由于产品是竞争的，售后市场是垄断的，厂商通过售后市场补贴产品市场，那么判断厂商是否滥用市场支配地位，不能只考察其在售后市场的高定价和高利润率。如果考察厂商在前后两个市场的总投入与两个市场的总利润后，厂商在售后市场拒绝交易或限定交易相对人只能与其进行交易而获得的是一个正常回报率，而不是超额垄断利润的话，那么这种行为具有“正当理由”。当然这个正常回报率界限如何设定，需要根据经济条件、产业发展实际情况而定。反之，如果总体回报率大大超过设定的界限，即“没有正当理由”。

四、售后市场维修技术信息公开的补贴政策

如果厂商公开技术信息使技术成为产业内公共产品，厂商技术开发成本与收益不对称，会损害其创新的积极性，误伤产业，因此在实施售后市场维修技术信息公开的反垄断政策时，应该设

计给公开技术信息厂商以一定的补贴。补贴可以采取两种方案：一是独立维修服务商向维修技术信息提供者交纳技术使用费；二是对技术信息的价值进行市场评估，政府按一定的比例给予补贴。

五、售后市场服务质量监管体系

售后市场开放，可能造成售后市场服务质量的不确定性。这对某些安全性、可靠性要求高的产业影响尤其大，如汽车产业售后市场开放后可能产生更多的“副厂”零配件，造成严重的安全隐患。因此，在实施售后反垄断政策时，要建立行业服务标准，公开零配件与服务价格、设立政府指导价，以保证价格透明，并要求售后维修商提供维修质保期限。建立售后市场服务质量标准和跟踪机制，构建完善全国电子健康档案系统平台，涉及关键零配件的维修实行全国联网记录和查询。充分运用厂商公开的维修技术信息，依法打击生产假冒伪劣、不合格，以及不符合 CCC 认证要求的零配件产品的行为。

附　录　一

我国汽车售后市场反垄断相关政策

《汽车维修技术信息公开实施管理办法》

第一章　总　则

第一条　为贯彻落实《大气污染防治法》，贯彻落实《国务院关于促进市场公平竞争 维护市场正常秩序的若干意见》（国发〔2014〕20号），推进、规范汽车维修技术信息公开工作，促进汽车维修市场公平竞争，保障汽车维修质量和运行安全，保护消费者使用、维修汽车的合法权益，根据有关法律法规规定，制定本办法。

第二条　在中国境内销售的汽车车型的维修技术信息公开及其监督管理，适用本办法。

第三条　汽车维修技术信息公开应当遵循公平公正、诚实守信、自主公开、方便用户、保护知识产权的原则。

汽车生产者应以可用的信息形式、便利的信息途径、合理的信息价格，向所有维修经营者及消费者无差别、无歧视、无延迟地公开所销售汽车车型的维修技术信息；不得通过设置技术壁垒排除、限制竞争，封锁或者垄断汽车维修市场。汽车生产者同时应向社会有关信息用户公开车型维修技术信息。

第四条 交通运输部负责汽车维修技术信息公开的指导、协调和监督管理。环保、商务、工商、质检、认证认可、知识产权、保险等有关部门分别在各自职责范围内负责相关监督管理工作。

交通运输部会同有关部门组建汽车维修技术信息公开实施工作专家委员会，负责履行开展汽车维修技术信息公开制度实施中的政策咨询、标准审议、技术鉴定、争议调解等职责；采取政府购买服务的方式，委托技术支持单位，开展汽车维修技术信息公开的具体工作。

第二章 汽车维修技术信息公开要求

第五条 汽车生产者应制定本企业汽车维修技术信息公开工作规范，明确责任部门及职责，负责公开本企业获得国家CCC认证并且已上市销售汽车车型的维修技术信息。汽车生产者应对所公开信息的真实性、准确性、完整性负责。

第六条 汽车生产者应向交通运输部备案以下工作信息。

（一）汽车生产者基本信息。

（二）本企业已上市销售汽车车型目录。

（三）信息公开方式，即汽车生产者自行组织或委托第三方机构进行信息公开，包括信息公开的方式、渠道、网站名称、网址等信息。由第三方机构承担信息公开的，还应提供其有关信息及联系方式。

（四）汽车生产者关于依法履行汽车维修技术信息公开义务，并保护商业秘密、专利、商标等知识产权权利的声明。

（五）用于政府部门监管、可免费登录信息公开网站的监管账号和密钥。

企业备案信息发生变化的，汽车生产者应及时更新备案。汽车生产者应按年度向交通运输部报告本企业维修技术信息公开情况。

第七条 汽车维修技术信息用户分为直接用于汽车维修目的的用户和用于其他经营目的的用户，前者包括各类维修经营者和消费者，后者包括维修诊断工具及设备制造商、零部件制造商、出版商、保险企业、培训机构等。

第八条 汽车生产者应公开的汽车维修技术信息的具体内容及要求按照附录《汽车维修技术信息公开目录》执行，公开内容原则上应采用中文表述，并在有关信息发生变化时及时更新。

汽车生产者在制作、生成整车维修技术信息过程中，需要整车生产配套零部件供应商提供有关零部件信息的，零部件供应商应配合提供。

交通运输部可根据汽车技术发展和维修市场需求，对信息公开目录进行动态管理。

第九条 汽车生产者可以免于公开以下信息，但必要时应向交通运输部作出说明。

（一）涉及车辆防盗控制系统（含汽车钥匙芯片）编程、设置等操作的信息。但经汽车生产者授权、可以开展汽车防盗控制系统维修的经营者除外。

（二）用于防止车辆动力总成及排放控制系统原程序、原标定数据，以及车载诊断系统（OBD）原始数据记录被擦写、篡改的相关系统底层控制和操作的信息。

（三）涉及汽车生产者及零部件供应商的商业秘密，影响其依法运用知识产权规则的有关信息。

（四）受国家法律法规保护的其他有关信息。

第十条 汽车维修技术信息公开实行网上信息公开方式。汽车生产者原则上应通过直接或者授权委托第三方机构设立网络信息公开系统（含网站、网上信息检索阅览系统）的方式，向用户提供维修技术信息。

受汽车生产者委托承担汽车维修技术信息公开的第三方机构，应遵守双方约定，按照本办法规定及时、准确、充分地公开有关信息，不得影响用户正常使用。

第十一条 汽车生产者应采取必要措施，以确保信息公开系统具备以下功能，可提供有关服务，并符合有关要求：

（一）具备中文版，具备用户注册、信息索引、查询及在线打印、在线支付等功能，确保用户能够通过车型年款或车辆识别代号（VIN）等信息快速、准确地关联、查询有关车型及其维修技术信息。

（二）安全可靠，确保用户信息安全，能够向用户提供稳定、不间断的信息访问服务。

（三）明示可用于访问、浏览网站所需的计算机终端的最低硬件配置和软件要求；需要软件客户端或相关阅读软件浏览信息的，应免费提供软件客户端，或推荐采用较为普遍使用的文档浏览、阅览软件。

（四）明示网站所刊载汽车维修技术信息的版权、有偿使用规则及侵权法律责任。

（五）明示可为信息用户提供的信息服务项目、资费标准及付费方式，以及开展相关维修操作所应具备的技术基础。

（六）明示、标记修改或调整过的维修技术信息项目或内容，提醒用户及时了解有关信息更新更正，防止信息被错用、误用，导致严重后果。

（七）提供网站使用说明和必要的使用帮助。

（八）提供汽车生产者和信息提供者的联系地址、电话、邮箱等联系方式。

（九）具备用户投诉、建议等交互式服务功能。

（十）支持与交通运输部汽车维修技术信息公开监督与服务

网络平台、第三方网站的相互链接。

除不可抗力导致的情况外，信息公开网站如因故障或系统升级改造造成无法正常访问的，汽车生产者应及时向社会公告。

第十二条 汽车生产者应为信息用户提供可选择的，能够满足临时、短期或长期等不同信息使用需求的用户访问权限（即信息服务项目）。不同的用户访问权限除可有效连接网站、使用网站信息的时间长度权限不同外，所访问、浏览的信息内容应确保一致。

基于各类用户访问权限，信息用户均应能够检索、查询、浏览网站上公开的所有车型的维修技术信息，且每次登录可打印不超过限量的技术文件。汽车生产者应确保其售后服务授权者与其他汽车维修经营者所访问、浏览的网站信息内容一致。

第十三条 汽车生产者可以对汽车维修经营者、消费者实行有偿服务，对不同访问权限的信息用户设定相应收费标准，但不得根据用户检索、使用车型信息的数量另行收费。

汽车生产者可以依法对维修技术信息自主定价，价格应公平、合理。汽车生产者的有关价格行为应遵守《价格法》规定。

汽车生产者应在其网络信息公开系统中设立相应服务模块（版块），免费向消费者公开各车型的车辆维护技术信息，具体内容按照附录《汽车维修技术信息公开目录》有关要求执行。

第十四条 对于汽车维修经营者、消费者之外的其他信息用户，需要获取维修技术信息的，应与汽车生产者订立书面合同，信息价格由双方协商议定，但应保持公平、公正、合理。

第十五条 自本办法实施之日起取得CCC认证的汽车车型，汽车生产者应在该车型上市之日起6个月内公开维修技术信息，并在信息公开网站上公布相关车型上市时间。

车型上市之日的计定，以相关车型获得CCC认证日期为准。

预计同一型号车型年销售量在500辆以下的乘用车车型，以及年销售量在50辆以下的客车、货车、半挂牵引车车型，可以纸质文件、光盘等媒介形式公开有关维修技术信息，同时应以公众便于知晓的方式公布索取方式。

对于上述免于上网公开的乘用车车型累计销售量达到1000辆的，或者免于上网公开的客车、货车、半挂牵引车车型累计销售量达到200辆的，有关车型的维修技术信息应转至网上公开。

第十六条 各车型的维修技术信息应当自该车型上市之日起10年内保持公开状态；超过10年的，汽车生产者可以将相关车型信息存档，但应公布相关车型信息的索取方式。

第十七条 鼓励汽车生产者及零部件供应商采用直接或委托第三方机构的方式，积极向各类维修经营者提供维修技术培训，提高维修经营者有效获取、正确使用维修技术信息的能力。

第十八条 汽车生产者破产、合并、分立、变更的，其车型维修信息公开责任和义务按照有关法律法规规定执行。

第三章 信息用户的责任和义务

第十九条 各类维修经营者应按照《机动车维修管理规定》要求，建立健全汽车维修质量管理制度，依法履行维修质量责任。维修经营者应按照国家、行业标准以及汽车生产者提供的维修技术信息开展维修作业，确保维修质量；按规定签发《机动车维修竣工出厂合格证》，履行机动车维修质量保证期责任。

第二十条 维修诊断工具及设备制造商、零部件制造商应积极运用维修技术信息，研发、生产各类汽车维修诊断工具、设备及合格配件，为维修经营者、消费者提供充分的市场选择。

第二十一条 所有信息用户、承担维修技术信息公开的第三方机构，应遵守国家知识产权保护的有关法律法规，不得以任何形式侵犯汽车生产者的维修技术信息版权。信息用户应遵守相关约定，不得超出汽车生产者规定范围使用信息。未经汽车生产者授权，信息用户不得将所获取的维修技术信息用于转售、出版、公开或其他商业用途。

第四章　监督检查及市场监管

第二十二条　汽车维修技术信息公开监督管理，应当公平、公正、公开、便民、依法监管，促进市场公平竞争和知识产权保护。

第二十三条　交通运输部应加强汽车维修技术信息公开监督管理，建立完善监督检查制度，不定期对维修技术信息公开实施情况进行抽查，定期对信息公开实施效果进行评估；应充分运用信息化技术，建立完善汽车维修技术信息公开监督与服务网络平台，为社会提供权威、方便的信息服务，提高信息公开主体监管水平。

省级交通运输主管部门受交通运输部委托，可以就本行政区内的汽车生产者履行维修技术信息公开义务情况进行监督管理。

第二十四条　有关汽车制造行业协会应当加强行业自律，督促汽车生产者贯彻落实汽车维修技术信息公开制度；应当积极发挥桥梁纽带作用，搜集整理汽车生产者的意见建议，并向有关部门及时反映，维护汽车生产者合法权益。

汽车维修、汽车保修设备、汽车保险等有关行业协会及第三方机构认为有关汽车生产者维修技术信息公开工作存在问题或不足的，可以向汽车生产者提出意见建议，由其改进完善；也可以向交通运输部提出意见建议。

第二十五条　汽车维修档案管理实行电子化档案管理制度。交通运输部应运用信息化技术，建立完善全国汽车电子健康档案系统平台，为健全修车记录、提升维修质量、透明市场服务、促进汽车“三包”及缺陷汽车产品召回、保护消费者合法权益提供有效手段和依据。

第二十六条 交通运输部会同国家质检总局、国家认监委建立汽车产品CCC认证及售后服务信息共享机制，就汽车生产者备案、汽车电子健康档案有关信息与汽车产品CCC认证、缺陷汽车产品召回、汽车“三包”管理有关信息实施共享，提升对汽车生产者的监管和服务水平。

第二十七条 交通运输部、环境保护部应就涉及汽车污染物排放控制技术信息和污染控制、汽车检测与维护制度实施等工作加强协调，建立信息共享机制，及时共享汽车排气及噪声污染控制装置维修电子数据记录信息，促进汽车污染物排放治理。

第二十八条 各级工商行政管理、市场监管部门在查处汽车及零部件经营中的有关不正当竞争、消费侵权案件时，可以利用汽车生产者公开的汽车维修技术信息。

各级质量技术监督部门应充分运用汽车生产者公开的汽车维修技术信息，依法打击生产假冒伪劣、不合格，以及不符合CCC认证要求的零部件产品的行为。

第二十九条 交通运输部、中国保监会应指导有关汽车维修行业协会、保险行业协会及保险企业，运用汽车生产者公开的汽车维修技术信息，科学测算、公布事故汽车维修工时信息，规范事故汽车维修和理赔；加强同质配件使用推广，促进保险企业依据维修技术信息、同质配件使用精确定损，降低维修成本和保险费用，保护消费者利益。

第三十条 国家知识产权局及相关知识产权管理部门，应依法加强对汽车维修技术信息公开所涉及知识产权的保护。

第三十一条 对于汽车生产者未有效执行本办法规定，存在下列行为之一的，由交通运输部或者省级交通运输主管部门责令改正。

（一）未制定汽车维修技术信息公开工作规范的；

（二）未及时备案、如期更新汽车生产者有关信息的；

（三）未按照规定目录和要求有效公开维修技术信息的；

（四）未按照规定方式、途径公开维修技术信息，或信息公开系统功能和服务能力达不到规定要求的；

（五）违反本办法规定的其他行为。

第三十二条 对于汽车生产者未按规定公开车型维修技术信息的，由交通运输部责令整改。整改不合格的，由交通运输部依法予以通报、罚款等处罚，并抄送国家认监委，由国家认监委指定的认证机构依据相关规定做出处理。交通运输部会同国家认监委建立违规企业、车型抄送处置制度。

第三十三条 对汽车维修后存在维修质量争议、纠纷的，按照《机动车维修管理规定》规定的程序处理。对因维修不当或使用假冒伪劣配件造成汽车维修质量问题的，维修经营者应依法承担责任；对因汽车生产者所公开的维修技术信息不当或存在错误造成维修不当、质量问题的，汽车生产者应承担法律责任。

对维修质量纠纷涉及相关维修技术信息提供、使用，需要专家委员会做出技术鉴定、纠纷调解的，可以向专家委员会提出申请，由专家委员会按照规定程序受理、处理。

第三十四条 各级交通运输主管部门及有关行政部门应依法受理涉及汽车维修技术信息公开或滥用的有关投诉、举报，并按规定程序调查、处理。

汽车生产者、各类信息用户等相关方应当积极配合调查，如实反映情况，提供调查所需要的有关资料。

第三十五条 各有关部门、机构及其工作人员对履行本办法规定所知悉的商业秘密负有保密义务。

从事汽车维修技术信息公开监管工作的人员，在相关工作中有滥用职权、玩忽职守、徇私舞弊等情形的，依法给予行政处分；构成犯罪的，依法移交司法机关处理。

第五章 附 则

第三十六条 摩托车及其他机动车的维修技术信息公开，可参照本办法执行。仅用于军事目的、用途车辆的维修技术信息公开管理不适用本办法。

第三十七条 本办法所称汽车，是指国家标准《汽车和挂车类型的术语和定义》（GB/T 3730.1）定义的汽车。

汽车生产者，是指在中国境内依法设立的生产汽车产品并以其名义颁发产品合格证的企业。从中国境外进口汽车产品到境内销售的企业，视为汽车生产者。

汽车维修技术信息，是指汽车在使用过程中，为维持或恢复汽车出厂时的技术状况和工作能力，延长汽车使用寿命，确保汽车符合安全、环保使用要求所进行的汽车诊断、检测、维修作业必需的技术信息资料的总称。

汽车维修技术信息公开，是指为确保市场公平竞争，提升汽车维修质量，保障消费者安全、合理使用汽车的合法权益，由汽车生产者履行义务，通过设立一定信息渠道，向维修经营者、消费者及相关经营者（包括维修诊断工具及设备制造商、零部件制造商、出版商、保险企业、培训机构等）提供其所销售汽车的维修技术信息的活动。

第三十八条 本办法由交通运输部会同各有关部门负责解释。

第三十九条 本办法自 2016 年 1 月 1 日起实施。此前有关文件规定与本办法不一致的，以本办法为准。

附：汽车维修技术信息公开目录（2015 年版）

在中国境内从事汽车维修技术信息公开，所要公开汽车维修技术信息的基本内容，应遵照本目录执行。

汽车生产者公开的汽车维修技术信息以基本车型为主，个别车型改款和变型可归入相关基本车型，但应作出说明。本目录所提出的“基本车型”是指国家认监委发布《强制性产品认证实施规则一汽车》所规定的车辆“型号”。汽车生产者需公开的汽车维修技术信息内容，原则上应采用中文表述，应包括但不限于以下内容：

一、车辆识别代号（VIN）的编码规则，以及车辆识别代号中汽车生产者自定义码段的编码规则（可以不包括 VIN 后 6 位的生产顺序号），或其他有效的将具体车辆与所属车型进行关联、识别的方法。

二、汽车维修手册，应包括但不限于以下系统和部件的信息：

1. 动力总成及排放控制系统：发动机（含附件）和变速箱，也包括新能源汽车的驱动系统，如驱动电机、电池等；排放控制系统，包括燃油供应系统、蒸发控制系统、排气后处理系统、噪声控制系统及其他系统，如增压器、排气再循环系统（EGR）等。车上若有车载诊断系统（OBD）的，应包括在内。

2. 底盘系统：动力传动系统、制动系统、转向系统、行驶系统，包括离合器、变速器、分动器、传动轴（驱动半轴）、主减速器、差速器、制动器、转向器、悬架、轮胎和轮毂等。

3. 电气系统：包括供暖、通风和空调系统、仪表、灯光、扬声器、定位导航和多媒体、数据总线等。

4. 车身及附件：车身和车架、座椅、气囊和安全带、刮水器、车窗、天窗、门锁、后视镜、内外饰件等。

汽车生产者所公开的涉及上述系统和部件的维修技术信息应包括但不限于以下内容：

1. 车辆维护信息，包括车辆定期维护项目、检查内容、维护作业和维护间隔设置依据、方法，以及润滑油、冷却液等油液的规格参数。此条款信息应按照规定方式，由汽车生产者免费向消费者提供。

2. 总成及零部件的拆装方法、技术规范及图示说明，零部件检测方法及鉴别判断的信息。

3. 电路接线图，包括接线图、器件位置、插接件型号规格等。

4. 各电子控制系统（含 OBD 系统）故障代码表（包括通用故障代码和汽车生产者自定义故障代码）、代码定义、故障诊断及排除的方法和步骤；用于检测和故障诊断的相关参数信息（即指能够在诊断仪器上显示的各项数据参数及含义、故障出现时的冻结帧、数据参数值的合理范围等）。

5. 排放控制系统信息，包括排放控制系统的安装位置示意图、装配图和维修技术要求，排气后处理系统关键零部件的型号、生产厂家及更换时间等信息。

6. 车身尺寸图，如车身及车架的基本尺寸及定位基准；钣金和涂装作业所需的技术信息。

7. 车轮定位参数的标准范围及调整方法。

8. 在零部件更换或维修后，需进行匹配、基本设置等操作所必需的信息（如电动车窗、天窗、节气门、加速踏板、制动踏板等零部件的重新匹配设置所需的信息）。

9. 维修操作安全注意事项及其他必要说明等。

三、零部件目录，包括汽车生产者提供的用于售后服务的原厂零部件的名称、商标和编号，零部件变更、升级、换代信息，以及为方便确定具体车型车款所适用零部件必需的信息。

四、适用具体车型电子控制系统的软、硬件版本识别号（不包含软件本身）。

五、除本办法规定可以免于公开的内容外，对车辆电子控制系统需要重新编程的信息（即需要进行重新编程的认定条件及基本操作，但不包含程序软件本身内容）。

六、专用诊断、检测、维修工具和设备及其相关软件信息（如型号、规格、软件版本等），及其相关购买渠道信息。

七、车辆认证信息，主要是CCC认证证书信息，如车型型号、规格和参数及零部件供应商信息。

八、技术服务通告，包括由实践经验得到的，针对某类故障，通常影响某一车型或车辆批次问题的解决方案，以及在授权维修网络内可进行免费维修的通告等。

九、汽车召回信息和缺陷消除措施等。

十、上述各项信息的所有后续修订和补充。

十一、国家法律法规要求公开的其他有关信息。

十二、若某车型不具备上述某种特定功能系统或零部件，则免于公开有关信息。

本目录由交通运输部制定并负责解释。

附 录 二

《国务院反垄断委员会关于汽车业反垄断指南》

国反垄发〔2019〕2号
（2019年1月4日国务院反垄断委会印发）

第一章 总则

第一条 指南的目的和依据

汽车业是国民经济的重要支柱产业，在促进经济增长、技术创新、就业与社会发展等方面发挥着重要作用。公平竞争是发挥市场配置资源的决定性作用、促进汽车业健康发展、维护消费者利益和社会公共利益的重要保障。为预防和制止汽车业垄断行为，降低行政执法和经营者合规成本，推进科学、有效的反垄断监管，根据《中华人民共和国反垄断法》（下称《反垄断法》）、《国务院反垄断委员会关于相关市场界定的指南》（下称《关于相关市场界定的指南》）、《关于经营者集中申报标准的规定》等法律规定，制定本指南。

第二条 相关概念

（一）汽车，是指由动力驱动、具有四个或四个以上车轮的非轨道承载的车辆，主要用于载运人员和/或货物、牵引载运人员和/或货物的车辆、特殊用途，分为乘用车和商用车两大类。乘用车和商用车的进一步分类，参见国家相关标准（GB/T3730.1《汽车和挂车类型的术语和定义》）。

（二）新能源汽车，是指采用新型动力系统，完全或主要依靠新型能源驱动的汽车，主要包括纯电动汽车、插电式混合动力（含增程式）汽车及燃料电池汽车等。

（三）二手车，是指从办理完注册登记手续至达到国家强制报废标准之前进行交易并转移所有权的汽车。

（四）汽车供应商，是指为经销商提供汽车资源的经营者，包括：汽车制造商、接受汽车制造商转让销售环节权益并进行分销的经营者、从境外进口汽车的经营者。

（五）配件供应商，是指生产或提供汽车初装零部件和售后配件的经营者。

（六）汽车经销商，是指从事汽车经销与服务的经营者。在实务中，汽车经销商可以同时承担汽车维修商的角色，但汽车销售和售后服务环节也可以相互分离。

（七）售后服务商是指提供汽车维护、修理等服务的经营者。

（八）最终用户，就汽车而言，是指汽车所有人和其他对汽车拥有合法使用权的人（如汽车承租人）。就汽车售后配件及用品而言，包括：1. 购买该等产品的机动车所有人和其他对汽车拥有合法使用权的人；2. 将该等产品用于维修而非转售目的的售后服务商。

（九）汽车配件，按用途、品牌、供应渠道与质量等标准分类，包括初装零部件、双标件、售后配件、原厂配件、同质配件等。

初装零部件，是指用于生产组装新车的零部件。

双标件，是指同时标有汽车制造商和配件制造商商标、标识和零件代码的初装零部件和售后配件。

售后配件，是指安装于汽车、用来替换该汽车初装零部件的产品，包括汽车所必需的润滑剂等，但不包括燃料。

原厂配件，是指汽车供应商或者汽车供应商指定的第三方所提供的，使用汽车供应商品牌或汽车供应商指定品牌，按照汽车初装零部件规格和产品标准制造的售后配件。

同质配件，又称质量相当配件，是指质量不低于汽车初装零部件的售后配件，但不包括原厂配件。

（十）维修技术信息，是指汽车在使用过程中，为维持或恢复汽车出厂时的技术状况和工作能力，延长汽车使用寿命，确保汽车符合安全、环保使用要求所进行的汽车诊断、检测与维修作业必需的技术信息资料的总称。

第三条　相关市场

汽车业产业链长，上中下游业务类型多样，界定相关商品市场和地域市场应遵循《反垄断法》和《关于相关市场界定的指南》所确定的一般原则和方法，同时考虑汽车业的特点，结合个案具体分析。

（一）相关商品市场

汽车业相关商品市场界定的基本方法是替代性分析，在个案中界定相关商品市场时，可以基于商品的特征、用途、价格等因素进行需求替代分析，必要时进行供给替代分析。比如，汽车经销由批发和零售两个环节构成，批发由汽车供应商面向经销商，零售由经销商面向最终用户。根据个案具体情形，可能需要将汽车批发和零售分别界定为细分的相关商品市场；汽车经销市场还可以从需求替代和供给替代的角度进一步细分。汽车售后市场可以分为售后配件经销市场和售后维修保养市场，也可以根据替代性分析进一步界定。

（二）相关地域市场

汽车业相关地域市场界定的基本方法同样是替代性分析，以下以乘用车为例进行分析。

从供给替代的角度看，乘用车制造市场很大程度上是全球化的。但从需求替代的角度看，各国竞争环境（技术和贸易壁垒、机动车税费、经销体系、价格、竞争者市场渗透度等）存在显著差异，因此乘用车制造市场可以界定为国别市场。

对于乘用车经销市场，一般来说汽车供应商在全国范围内开展批发业务，因此可以将乘用车批发的地域市场界定为国别市场。在零售层面，由于汽车牌照、汽车通行、售后服务、保修条款等种种限制，并考虑到选购汽车的时间、交通等成本因素，最终用户未必能够去外地购车，乘用车零售市场可以界定为省级或地区性市场。

（三）相关市场界定在各类垄断案件中的作用

由于案件性质与评估路径的差异，不同类型垄断案件中相关市场界定的作用不尽相同。垄断协议和滥用市场支配地位案件均关注已发生的限制竞争行为。当竞争者之间达成固定价格、分割市场、限制产量等横向垄断协议，实务中通常没有必要明确界定相关市场，但对于滥用市场支配地位案件，相关市场界定通常是认定滥用市场支配地位行为的第一步。

此外，应认识到相关市场界定在横向协议和纵向协议竞争评估中的作用。当根据《反垄断法》第十五条主张协议不适用第十三条或第十四条的规定时，经营者需要证明其协议符合第十五条规定的条件。除“为保障对外贸易和对外经济合作中的正当利益的”等情形，“证明所达成的协议不会严重限制相关市场的竞争”是第十五条规定的条件之一，相关市场界定因而成为经营者证明其协议符合法定豁免的必要步骤。

第二章　垄断协议

《反垄断法》第十三条禁止横向垄断协议，第十四条禁止纵向垄断协议，第十五条规定了垄断协议的豁免情形和条件。根据

《反垄断法》第十五条，经营者主张协议不适用《反垄断法》第十三条或第十四条，首先，需要证明协议属于第十五条第一款列出的情形之一；其次，除“为保障对外贸易和对外经济合作中的正当利益的”和“法律和国务院规定的其他情形”，经营者还应当证明协议不会严重限制相关市场的竞争，并且能够使消费者分享由此产生的利益。

为证明协议不会严重限制相关市场的竞争，经营者可以评估其在相关市场的市场力量。评估经营者的市场力量，可以参考《反垄断法》第十八条所列举的各项因素。

评估一项协议是否能够使消费者分享由此产生的利益，可以从价格降低、质量提高、技术创新、技术升级、产品和服务的更多选择等角度加以考察。

第四条　豁免

（一）推定豁免

为降低行政执法成本和经营者合规成本，本指南列出了不具有显著市场力量的经营者设置的纵向地域限制和客户限制若干情形，可以推定适用《反垄断法》第十五条的规定。执法实践和理论研究证明，该等情形通常能够提高经销服务质量、增进经销效率、增强中小经销商经营效率和竞争力，一般不会严重限制相关市场的竞争，并且能够使消费者分享由此产生的利益，因而符合《反垄断法》第十五条规定的条件。

评估经营者是否具有显著市场力量，设置一个固定的市场份额标准并不必然具有合理性与科学性。但是，以纵向协议的竞争评估为例，执法实践和理论研究表明，在相关市场占有30%以下市场份额的经营者有可能被推定为不具有显著市场力量。

但是，市场份额标准不应被僵化运用。根据个案具体情形，如果有证据能够证明经营者的行为不符合《反垄断法》第十五条规定，国务院反垄断执法机构（下称执法机构）仍然可以对相关行为适用《反垄断法》第十四条。

（二）个案豁免

除本指南列出的可以推定适用《反垄断法》第十五条的情形之外，经营者如果主张其协议可以适用《反垄断法》第十五条，需要根据个案具体情形证明其协议符合《反垄断法》第十五条的法定条件，判断其协议能否被个案豁免。

第五条　汽车业横向垄断协议

（一）某些类型的横向协议，如研究与开发协议、专业化协议、技术标准化协议、联合生产协议、联合采购协议等，通常能够增进效率和促进竞争，有利于增加消费者福利。比如新能源汽车研发与生产过程中的横向协议，可以使经营者分担投资风险、提高效率、促进社会公共利益。因此，达成前述能够增进效率和促进竞争的横向协议的汽车业经营者，可以根据《反垄断法》第十五条证明其协议不适用《反垄断法》第十三条规定。

（二）关于横向垄断协议的竞争分析，汽车业与其他行业并无显著差别，因此本指南不再进一步细化。关于汽车业横向垄断协议的反垄断规制，由执法机构根据《反垄断法》等相关法律规定依法处理。

第六条　汽车业纵向垄断协议

分析和评估纵向垄断协议，需要首先判断一项协议是否构成《反垄断法》第十四条所禁止的协议。其次，评估该协议能否根据《反垄断法》第十五条适用推定豁免。如果该协议不能被推定豁免，则需要评估该协议能否被个案豁免。

（一）协议的形式

纵向垄断协议可以表现为直接限制，比如合同条款规定经销商的转售价格；也可以表现为间接限制，比如固定经销商的利润率和折扣水平，通过实施价格监测对不遵守建议价的经销商取消返利、拒绝供货或提前解除授权协议等。

在中国汽车市场上，纵向垄断协议可能体现在经销商协议，也可能通过商务政策、通函、资讯、通知等形式达成。通常情形下，单个经营者实施纵向垄断协议会限制品牌内竞争，损害消费者利益。特别是当相关市场上多数甚至全部经营者均采用相似纵向垄断协议，各类纵向限制形成网络，全面覆盖相关市场，品牌间竞争将被明显削弱。相似纵向协议导致的累积效果能够显著限制相关市场的竞争，使相关产品和服务在竞争水平之上定价，最终导致消费者福利损失。

（二）固定转售价和限定最低转售价

《反垄断法》第十四条明确禁止固定转售价和限定最低转售价。转售价格限制的负面效应主要表现在维持高价、促进横向共谋、削弱品牌间竞争和品牌内竞争、排斥竞争者等方面。

当然，如果经营者能够证明该等价格限制不会严重限制相关市场竞争，并且能够使消费者分享由此产生的利益，经营者可以根据《反垄断法》第十五条规定对固定转售价和限定最低转售价主张个案豁免。

在实务中，汽车业经营者基于《反垄断法》第十五条主张个案豁免的转售价格限制的常见情形包括：

1. 新能源汽车的短期转售价格限制。为节约能源、保护环境、避免“服务搭便车”，新能源汽车的短期（现阶段为9个月以内，从汽车供应商就具体车型发出第一张批售发票之日起算，并可以根据新能源汽车产业和技术发展对豁免期进行调整）的固定转售价和限定最低转售价对于激励经销商努力推广新能源产品，加大销售力度，扩大市场对新产品的需求是必要的，进而能够促进新产品成功上市，给予消费者更多选择。

2. 仅承担中间商角色的经销商销售中的转售价格限制。仅承担中间商角色的经销商销售是指汽车供应商与特定第三人或特定终端客户（如：汽车供应商和经销商的员工、大客户、广告及赞助对象等）直接协商达成销售价，仅通过经销商完成交车、收款、开票等交易环节的销售。在该等交易中，经销商仅承担中间商的角色协助完成交易，与一般意义的经销商有所不同。

3. 政府采购中的转售价格限制。在实务中，政府采购项目通常要求参加联合投标的汽车供应商与其经销商协调后提供一致或固定的零售价格报价。对于全国范围的采购项目，政府采购部门有时与汽车供应商直接接洽，汽车供应商没有销售资质的，需要与特定经销商就零售价格达成一致，以实现对政府采购的报价。与仅承担中间商角色的经销商销售类似，政府采购中的经销商如果仅协助完成交易，则与一般意义的经销商有所不同。

4. 汽车供应商电商销售中的转售价格限制。电商销售中的定价行为适用《反垄断法》等法律规定。但是，实务中存在汽车供应商通过电商平台在一定时期以统一价格销售汽车，与不特定的最终用户直接达成交易，仅通过经销商完成交车、收款、开票等交易环节的销售。在此种情况下，经销商如果仅协助完成交易，则与一般意义的经销商有所不同。

（三）建议价、指导价和限定最高价

汽车供应商对经销商和维修商设置转售汽车与汽车售后配件及用品的建议价、指导价或最高价，以及对经销商和维修商设置售后服务工时费的建议价、指导价或最高价，如果由于协议一方的压力或激励，建议价、指导价或最高价被多数或全部经销商所执行，在实质效果上等同于固定转售价或限定最低转售价时，根据个案具体情形，该等行为有可能被认定为固定转售价或限定最低转售价。

（四）地域限制和客户限制

地域限制是指供应商承诺在特定经销区域对一个或若干经销商供货，经销商承诺不向其他经销区域销售。客户限制是指供应商限定经销商只能将商品售予或不得售予特定客户。

地域限制和客户限制可能削弱品牌内竞争、分割市场、形成价格歧视。有效实施的地域限制和客户限制导致其他经销商难以获得供货，阻碍更有效率的新型经销模式的推广，使商品和服务价格维持在高位。但是，有时地域限制和客户限制也能够提高经销效率，比如，在经销商需要为保护和建立品牌形象进行特定投资时，地域限制能产生显著的效率。

1. 不具有显著市场力量的汽车业经营者设置的具有经济效率和正当化理由的地域限制和客户限制，通常能够符合《反垄断法》第十五条的规定，可以推定适用《反垄断法》第十五条。前述情形主要包括：

（1）约定经销商仅在其营业场所进行经销活动，但不限制该经销商的被动销售，也不限制授权经销商之间交叉供货。

被动销售，是指经销商未主动营销，但应个别客户的要求，向该客户交付商品或服务。比如，甲地消费者到乙地购车的行为即为乙地经销商的被动销售。

相对于传统销售方式，电商销售面向更广大、更多样的客户。如果一个客户浏览经销商网站或第三方网站并联络该经销商，且该联络产生了一笔销售交易，这笔销售将被视为被动销售。对于经销商通过其自有或第三方网站向不特定受众发出的信息，如果客户主动选择接受（如在线订阅经销商的推广信息）并主动接洽经销商而产生一笔销售交易，该交易将被视为经销商的被动销售。但是，如果经销商向特定受众发出广告或促销信息，则该等行为将构成主动销售。

（2）限制经销商对汽车供应商为另一经销商保留的独占地域或专有客户进行主动销售。

（3）限制批发商直接向最终用户进行销售。

（4）为避免配件被客户用于生产与汽车供应商相同的产品，

限制经销商向该类客户销售配件。

2. 通常能够限制竞争、导致高价并减少消费者选择的地域限制和客户限制，不能推定适用《反垄断法》第十五条的规定，包括但不限于：

（1）限制经销商的被动销售；

（2）限制经销商之间交叉供货；

（3）限制经销商和维修商向最终用户销售汽车维修服务所需配件。

（五）通过质量担保条款对售后维修服务和配件流通施加间接的纵向限制

对在质量担保范围内的维修保养工作和替换配件，汽车供应商通常要求汽车最终用户到授权维修网络使用原厂配件完成维修保养工作。但是，如果汽车供应商与汽车经销商、汽车维修商达成协议，通过质量担保条款对售后服务和售后配件流通间接施加不合理的纵向限制，能够排斥独立维修商，减少配件供应和经销渠道，最终提高汽车维修保养服务的价格。

上述不合理的纵向限制情形包括但不限于：

1. 汽车供应商以汽车最终用户将不在质量担保范围的维修保养工作全部交由授权维修网络完成，作为汽车供应商履行质量担保责任的条件。

2. 对不在质量担保范围的配件，汽车供应商要求汽车经销商、汽车维修商使用原厂配件作为其履行质量担保责任的条件。

3. 汽车供应商没有正当理由，限制其维修网络对平行进口车提供售后维修保养服务。

（六）有关经销商和维修商销售与服务能力的其他纵向限制

汽车供应商通过协议和商务政策等实施的下述纵向限制，有可能不当限制经销商和维修商的销售与服务能力，如果导致排除、限制竞争效果，提高汽车经销和维修渠道的价格，损害消费者利益，则相关协议和商务政策可能被认定为《反垄断法》所规制的纵向垄断协议。

1. 汽车供应商向经销商或维修商强制搭售其未订购的汽车、售后配件、精品、耗材、修理工具、检测仪器等，有可能导致搭卖品的排他购买义务，因而排除、限制搭卖品市场的竞争。

2. 汽车供应商强制经销商或维修商接受不合理的汽车或售后配件销售目标、库存品种和数量。

供应商和经销商之间可以通过平等协商约定合同产品的销售目标、库存品种和数量。但是，供应商单方制定并强制经销商接受不合理的销售目标、库存品种和数量，有可能导致经销商承担合同产品的排他购买义务，因而排除、限制相关市场的竞争。

3. 汽车供应商强制要求经销商承担以汽车供应商名义开展的广告、车展等宣传推广费用，或强制限定经销商自担费用开展广告宣传的特定方式和特定媒体。

汽车供应商通常与经销商约定参与共同推广和营销活动并要求经销商分摊合理费用。此外，为确保品牌推广的整体效果，汽车供应商通常为经销商设置遴选媒体的合理的质量型标准。但是，强制要求经销商承担以汽车供应商名义开展的宣传推广费用，或强制限定经销商自担费用开展广告宣传的特定方式和特定媒体，有可能限制经销商自主决定推广和营销活动的能力，间接增加经销和售后渠道的成本，最终增加消费者的负担。

4. 汽车供应商强制要求经销商和维修商只能使用特定有偿设计单位或建筑单位的服务，或强制要求经销商和维修商所需建筑材料、通用设备、信息管理系统和办公设施等只能使用特定品牌、供应商和供应渠道。

为保证品牌形象，汽车供应商通常会通过协议或商务政策对经销商和维修商经营场所的设计、装饰、办公设施等约定或规定质量型标准。此外，基于知识产权保护的考虑，汽车供应商通常指定其汽车品牌标识的采购渠道。但是，限定经营场所的设计、办公设施等只能使用特定第三方品牌、供应商和供应渠道对于保证汽车品牌形象通常并非必要，可能排除、限制相关市场的竞争，间接增加经销和售后渠道的成本。

5. 汽车供应商限制经销商经营其他供应商的商品。

汽车供应商可以对经销商营销本企业的商品进行必要的约定或提出必要的服务标准，并给予相关培训和指导。但如果汽车供应商限制经销商代理其他供应商的商品，或限制经销商在经营场所销售其他企业或品牌商品（可以要求为本企业品牌汽车设立单独展区），可能导致市场中新进入的或原来的竞争者无法找到可替代的良好流通渠道，使得经销商承担合同产品的排他购买义务，从而排除、限制相关市场的竞争。

6. 汽车供应商因经销商或维修商从事促进竞争的行为而拒绝供货或提前解除经销协议。

当经销商或维修商从事了促进竞争的行为，如拒绝执行汽车供应商设置的最低转售价、从汽车供应商以外的渠道购进原厂配件和同质配件用于售后维修等，汽车供应商不得拒绝向经销商供货或提前解除经销协议。

第三章　滥用市场支配地位

《反垄断法》第十七条禁止滥用市场支配地位行为。目前，中国新车销售市场竞争较为激烈，但汽车售后市场由于存在锁定效应和兼容性问题，可能限制、削弱售后市场的有效竞争，损害消费者利益。在个案中界定汽车售后市场，汽车品牌是需要考虑的一个重要因素。因此，根据《反垄断法》第十七条对市场支配地位的定义，以及第十八条关于认定经营者具有市场支配地位应当依据的因素，在新车销售市场上不具有支配地位的汽车供应商，在其品牌汽车售后市场上可能被认定为具有支配地位。

对于未达到《反垄断法》第十九条规定的市场支配地位推定标准的经营者，其在售后配件的生产、供应与流通以及维修技术信息、测试仪器和维修工具的供应过程中实施的纵向限制，根据《反垄断法》第十四条与第十五条进行评估。

第七条　售后配件的生产

除根据代工协议生产的配件以外，在其品牌汽车售后市场上具有支配地位的汽车制造商没有正当理由，不应限制为初装汽车配套的配件供应商生产双标件。即汽车制造商不应禁止为其提供初装零部件的配件供应商在相关初装零部件上加贴自有商标、标识和零件代码。双标件旨在提高消费者和维修商辨识同质配件的能力，促进汽车售后市场有效竞争。

关于代工协议的认定，参见本指南第十一条。

第八条　售后配件的供应与流通

在汽车售后市场上具有支配地位的汽车供应商没有正当理由，不应限制售后配件的供应与流通，包括：

（一）限制经销商和维修商外采售后配件，即限制经销商和维修商购买同质配件或从其他渠道购买原厂配件（包括平行进口配件）。

不具有市场支配地位的供应商对其经销渠道设置一定期限的排他采购义务，能够提高经销网络的质量标准，有助于建立和保持品牌形象，提高品牌对最终消费者的吸引力，提升销售量。但是，如果相关市场存在显著的进入或扩张壁垒，排他采购义务有可能封锁竞争性供应商，削弱创新激励机制，提高经销渠道的商品价格，限制消费者的选择。

在实务中，在其品牌汽车售后市场上具有支配地位的汽车供应商，对经销商规定不合理的配件销售数量目标、库存品种和数量，通常能够实质限制经销商和维修商外采配件。

但是，汽车供应商可以依法要求其授权体系成员仅使用原厂配件和同质配件，该授权体系成员应当依法保证消费者的知情权和配件可追溯性。汽车供应商可以依法要求，仅当消费者知情并明确选择且保证配件可追溯性的条件下，授权体系成员才可以在维修工作中使用再制造件和回用件。

再制造件，是指旧汽车零部件经过再制造技术、工艺生产后，性能和质量达到原型新品要求的零部件。

回用件，是指从报废汽车上拆解或维修车辆上替换的能够继续使用的零部件。

（二）限制配件供应商、经销商和维修商外销售后配件，包括：

1. 除根据代工协议生产的配件以外，要求配件全部“返厂”，即限制配件供应商向售后渠道以自有品牌供应配件；

2. 限制经销商之间、维修商之间，以及经销商和维修商之间交叉供应售后配件；

3. 限制经销商和维修商向最终用户销售汽车维修服务所需配件。

第九条　维修技术信息、测试仪器和维修工具的可获得性

汽车售后维修通常需要由具备相应资质的技工基于特定品牌汽车的技术信息而完成。汽车供应商通常是其品牌汽车全部维修技术信息的唯一供应源。如果维修商不能获得检测、维修汽车以及替换汽车配件所必需的技术信息，提供的维修保养服务可能导致危险驾驶、高排放和空气污染等风险；同时，维修商市场地位受挤压，导致维修渠道减少、汽车维修保养价格升高、消费者选择受限。

汽车售后市场有效竞争需要保障售后维修技术信息的可获得性，同时保障测试仪器和维修工具的可获得性。因此，在其品牌汽车售后市场上具有支配地位的汽车供应商，无正当理由，不应限制维修技术信息、测试仪器和维修工具的可获得性，包括：

（一）限制维修商获取特定品牌汽车维修技术信息的权利和渠道；

（二）限制测试仪器、维修工具或其他设备供应商向经销商和维修商销售有关测试仪器、维修工具或其他设备；

（三）对维修技术信息设置过高市场价格，限制维修技术信息有效公开，制约汽车维修商获取有关技术信息。

第四章　经营者集中

对于经营者集中的竞争分析，汽车业与其他行业并无显著差别。关于汽车业经营者集中的反垄断审查，由执法机构依据《反垄断法》《关于经营者集中申报标准的规定》等法律规定依法处理。

第五章　滥用行政权力排除、限制竞争

《反垄断法》禁止行政机关和法律、法规授权的具有管理公共事务职能的组织滥用行政权力排除、限制竞争。滥用行政权力排除、限制汽车业市场竞争的行为，由执法机构依据《反垄断法》及相关规定依法处理。

第十条　汽车业滥用行政权力排除、限制竞争行为

汽车交易中的滥用行政权力排除、限制竞争行为，阻碍汽车市场健康发展，损害消费者利益。比如，二手车交易中的滥用行政权力排除、限制竞争行为，不利于绿色循环消费和汽车市场可持续发展，还限制了汽车所有人的物权处置权益，延长消费者换车周期，间接影响新车销售市场。

行政机关和法律、法规授权的具有管理汽车流通事务职能的组织，不应违反《反垄断法》第五章规定实施排除、限制竞争的行为，包括但不限于：

（一）制定含有限制汽车销售和汽车自由流通等内容的规定；

（二）通过设定具有排除、限制竞争效果的开业条件或资质要求，限制或者变相限制经营者经营汽车业务；

（三）限定或者变相限定单位或者个人购买、租用、使用其指定的经营者提供的汽车交易系统、设施和经营场所；

（四）二手车限迁行为，即对外地二手车迁入设定高于本地在用车辆标准的限制行为；

（五）限制或变相限制二手车交易地点，即要求二手车必须在车辆注册登记所在地交易；

（六）限制二手车交易必须由二手车交易市场开具发票；

（七）限制或变相限制外地生产的汽车（如新能源汽车）进入本地市场，限制或变相限制消费者购买外地及某一类汽车（如新能源汽车）。

第六章　附则

第十一条　配件代工协议

代工协议，实务中又称委托加工协议、代加工合同、承揽合同、贴牌加工合同，是指委托方与被委托方约定由委托方提供必需的技术、设备，由被委托方为委托方代为生产产品、提供服务或完成相关工作等的协议。

如果配件制造商使用汽车制造商的知识产权，根据汽车制造商的要求加工汽车配件，汽车制造商和配件制造商之间是委托加工关系，达成的是代工协议。代工协议与使用自有知识产权的配件制造商和汽车制造商之间形成的配件供应协议存在显著区别。

一项协议是否构成真实代工协议，需要进行个案评估，通过评估协议实质内容之后加以认定，而不能仅仅根据协议的形式直接认定。简言之，如果汽车制造商（委托方）所提供的技术、设备是配件制造商（被委托方）根据汽车制造商的要求，在合理条件下生产合同产品或提供合同服务所必需的，则配件制造商的身份是“代工厂”，不被视为市场上的独立配件供应商。

但是，当汽车制造商向配件制造商提供工具、知识产权或专有技术时，如果该配件制造商已拥有可自主使用的该等工具、知识产权或专有技术，或者能够以合理条件获得该等工具、知识产权或专有技术，该等情形下汽车制造商的技术和设备并非配件制造商履行协议所必需的。比如，如果汽车制造商仅提供了合同产品一般的描述性信息，但限制配件制造商向售后市场以自有品牌供应配件，汽车制造商实质上剥夺了配件制造商在协议相关领域拓展业务的可能性，排除、限制相关市场的竞争，可能导致高价，减少了消费者的选择。

评估“生产合同产品或提供合同服务所必需的技术或设备”可以考虑的具体因素包括但不限于：

（一）委托方拥有或有权处置的知识产权，包括：发明专利、实用新型专利、外观设计专利或其他知识产权；

（二）委托方拥有或有权处置的生产工艺等专有技术；

（三）委托方准备的与其提供的信息配套使用的研究报告、方案等文件。

参考文献

［1］ Ardiyok S. Aftermarket Theories in Competition Law and an Empirical Analysis of Regulation on Motor Vehicles ［EB/OL］. Working Paper，2010，http：//dx. doi. org/10. 2139/ssrn. 1654387.

［2］ Auramo J，Ala-Risku T. Challenges for Going Downstream ［J］. International Journal of Logistics，2005，8（4）：333-345.

［3］ Baines T S，Lightfoot H W，Benedettini O，et al. The Servitization of Manufacturing：A Reviewof Literature and Reflection on Future Challenges ［J］. Journal of Manufacturing Technology Management，2009，20（5）：547-567.

［4］ Baines T S，Lightfoot H W，Peppard J，et al . Towards an Operations Strategy for Product-Centric Servitization International ［J］. Journal of Operationand Production Management，2009，29（5）：494-519.

［5］ Borenstein S，Mackie-Mason J K，Netz J S. Exercising Market Power in Proprietary Aftermarkets ［J］. Journal of Economics and Management Strategy，2000，9（2）：157-188.

［6］ Borenstein S，Mackie-Mason J K，Netz J S.

Antitrust Policy in Aftermarkets [J]. Antitrust Law Journal, 1995, 63 (Winter): 455-482.

[7] Branch B. Research and Development Activity and Profitability [J]. Journal of Political Economics, 1974, 82 (82): 999-1011.

[8] Brax S, Jonsson K. Developing Integrated Solution Offerings for Remote Diagnostics: A Comparative Case Study of Two Manufacturers [J]. International Journal of Operations and Production Management, 2009, 29 (5): 539-560.

[9] Cabral L. Aftermarket Power and Foremarket Competition [J]. International Journal of Industrial Organization, 2014, 35 (July): 60-69.

[10] Carlton, Waldman. Competition, Monopoly, and Aftermarkets [J]. The Journal of Law, Economic, & Organization, 2009, 26 (1): 56-91.

[11] Chen Z, Ross T W. Orders to Supply as Substitutes for Commitments to Aftermarkets [J]. Canadian Journal of Economics, 1998, 31 (5): 1203-1224.

[12] Chen Z, Ross T W, Stanbury W T. Refusals to Deal and Aftermarkets [J]. Review of Industrial Organization, 1998, 13 (1): 131-151.

[13] Chen Z, Ross T W. Refusals to Deal, Price Discrimination, and Independent Service Organizations [J]. Journal of Economics and Management Strategy, 1993, 2 (4): 593-614.

[14] Chun-Hui Miao. Consumer Myopia, Standardization and Aftermarket Monopolization [J]. European Economic Review, 2010, (54): 931-946.

[15] Cohen M A, Agrawal N, Agrawal V. Winning in the Atermarket [J]. Harvard Business Review, 2006, 84 (5): 129-138.

[16] Coppi L . Aftermarket Monopolization: The Emerging Consensus in Economics [J]. The Antitrust Bulletin, 2007, 52 (1): 53-71.

[17] Dasgupta P, Stiglitz J. Uncertainty, Industrial Structure, and the Speed of R&D [J]. Bell Journal of Economics, 1980 (11): 1-28.

[18] Elzinga K G, Mills D E. Independent Service Organizations and Economic Efficiency [J]. Economic Inquiry, 2001, 39 (4): 549-560.

[19] Emch, Eric R. Price Discrimination via Proprietary Aftermarkets [J]. Economic Analysis and Policy, 2003, 2 (1): 1-32.

[20] Farrell J, Klemperer P. Coordination and Lock-In: Competition with Switching Costs and Network Effects [J]. Handbook of IndustrialOrganization, 2007, 3 (6): 1967-2072.

[21] Finne M, Brax S, Holmström J. Reversed Servitization Paths: A Case Analysis of Two Manufacturers [J]. Service Bussiness, 2013, 7 (4): 513-537.

[22] Fudenberg D, Gilbert R, Stiglitz J, et al. Preem-

ption, Leapfrogging and Competition in Patent Races [J]. European Economic Review, 1983, 22 (1): 3-31.

[23] Gabaix X, Laibson D Shrouded Attributes, Consumer Myopia, and Information Suppression in Competitive Markets [J]. The Quarterly Journal of Economics, 2006, 121 (2): 505-540.

[24] Gately D. Individual Discount Rates and the Purchase and Utilisation of Energy-using Durables [J]. Bell Journal of Economics, 1980, 11 (1): 373-374.

[25] Gilbert R, Newbery D. Preemptive Patenting and the Persistence of Monopoly [J]. The American Economic Review, 1982, 72 (3): 514-526.

[26] Gremyr I, Lofberg N L, Witell L. Service Innovations in Manufacturing Firms [J]. Managing Service Quality, 2010, 20 (2): 161-175.

[27] Grossman G M , Shapiro C. Optimal Dynamic R&D Programs [J]. RAND Journal of Economics, 1986, 17 (4): 581-593.

[28] Grossman G M. Shapiro C. Dynamic R&D Competition [J]. The Economic Journal, 1987, 97 (386): 372-387.

[29] Gundlach G T. Aftermarkets, Systems, and Antitrust: A Primer [J]. The Antitrust Bullitin, 2007, 52 (1): 17-29.

[30] Hausman J A, Joskow P L. Evaluating the Costs and Benefits of Appliance Efficiency Standards [J].

American Economic Review, 1982, 72 (2): 220-225.

[31] Hodaka M, Waldman M. Competition, Monopoly Maintenance, and Consumer Switching Costs [J]. American Economic Journal: Microeconomics, 2010, 2 (1): 230-255.

[32] Katz M L, Shapiro C. On the Licensing of Innovations [J]. RAND Journal of Economics, 1985, 16 (4): 504-520.

[33] Klein B. Market Power in Aftermarkets [J]. Managerial and Decision Economics, 1996, 17 (2): 143-164.

[34] Laussel D, Van Long N, Resende J. Network Effects, Aftermarkets and the Coase Conjecture: A Dynamic Markovian Approach [J]. International Journal of Industrial Organization, 2015, 41 (July): 84-96.

[35] Laussel D, Resende J. Dynamic Price Competition in Aftermarkets with Network Effects [J]. Journal of Mathematical Economics, 2014, 50 (1): 106-118.

[36] Oliva R, Kallenberg R. Managing Transition from Products to Services [J]. International Journal of Service Industry Management, 2003, 14 (2): 160-172.

[37] Raddats C, Burton J. Strategy and Structure Configurations for Services within Product-Centric Businesses [J]. Journal of Service Management, 2011, 22 (4): 522-539.

[38] Reinganum J F. A Dynamic Game of R and D: Patent Protection and Competitive Behavior [J]. Economet-

rica，1982，50 (3)：671-688.

[39] Reinganum J F. The Timing of Innovation：Research，Development，and Diffusion [C]. Schmalensee, R. and Willig，R. Handbook of Industrial Organization. San Diego：Elsevier Inc，1989：852-908.

[40] Schmalensee R. Monopolistic Two-Part Pricing Arrangements [J]. Bell Journal of Economics，1981，12 (2)：445-466.

[41] Schulz L. The Economics of Aftermarkets [J]. Journal of European Competition Law and Practice，2015，6 (2)：123-128.

[42] Schwartz M. Werden G. A Quality-Signalling Rationale for Aftermarket Tying [J]. Antitrust Law Journal，1996，64 (2)：387-404.

[43] Shapiro C，Teece D J. Systems Competition and Aftermarkets：An Economic Analysis of Kodak [J]. The Antitrust Bulletin，1994，39 (1)：135-162.

[44] Shapiro C. Aftermarkets and Consumer Welfare：Making Sense of Kodak [J]. Antitrust Law Journal，1995，63 (2)：483-511.

[45] Tirole J. The Theory of Industrial Organization [M]. Cambridge，Massachusetts，MIT Press. 1988.

[46] Vandermerwe S，Rada J. Servitization of Business：Adding Value by Adding Services [J]. European Management Journal，1988，6 (4)：314-324.

[47] Voortman J. Curbing Aftermarket Monopoliza-

tion [J]. The Antitrust Bulletin, 1993, 39 (Summer): 221-291.

[48] Oi W. A Disneyland Dilemma: Two-Part Tariffs for a Mickey Mouse Monopoly [J]. Quarterly Journal of Economics, 1971, 85 (1): 77-96.

[49] Wise R, Baumgartner P. Go Downstream: The New Imperative in Manufacturing [J]. Harvard Business Review, 1999, 77 (5): 133-141.

[50] Michel, Brekelmans, 陈源道, 等. 中国汽车售后市场：行业展望与战略机遇 [J]. 汽车与配件, 2014 (37): 35-39.

[51] 安丰国. 我国汽车售后服务分析及对策分析 [J]. 山东工业技术, 2016 (22): 221.

[52] 陈菲, 白瀛. "偷票房"拟被立法禁止 [N]. 民主与法制时报, 2011-12-19 (D03).

[53] 陈妍妍. 影院却借团购方式"偷票房" [N]. 中国文化报, 2014-02-17 (006).

[54] 韩新星. 深圳市电梯维保行业监察问题研究 [D]. 哈尔滨：哈尔滨工业大学, 2014.

[55] 黄群慧, 霍景东.《中国制造 2025》战略下制造业服务化的发展思路 [J]. 中国工业评论, 2015 (11): 46-55.

[56] 类成云. 影院建设与盈利模式 [J]. 当代电影, 2009 (11): 54-57.

[57] 李剑. 欧盟汽车售后市场纵向垄断协议规制及其启示 [J]. 价格理论与实践, 2015 (11): 30-33.

[58] 林雷．售前到售后的转变：中国汽车后市场发展模式探索 [J]. 汽车纵横，2013（11）：72-75.

[59] 刘笃优，王阳，杜天强，等．我国汽车售后市场标准体系现状与发展趋势 [J]. 汽车纵横，2017（7）：80-81.

[60] 卢怀玉，汪林飞，陈均云．刍议如何创新中央空调售后服务 [J]. 科技创新与应用，2016（17）：260.

[61] 鲁梦琪．我国汽车售后配件市场的反垄断规制研究 [D]. 重庆：西南政法大学，2017.

[62] 罗威，张志军，汤文佳，等．中国汽车独立售后市场的增长机会 [J]. 汽车与配件，2017（24）：33-37.

[63] 戚聿东，柳学信．深化垄断行业改革的模式与路径：整体渐进改革观 [J]. 中国工业经济，2008（6）：44-55.

[64] 秦丽．空调售后服务行业亟待规范 [J]. 电器，2010（10）：36-38.

[65] 史玉泉．信息不对称条件下汽车售后技术服务改进研究 [J]. 信息系统工程，2016（9）：33-34.

[66] 市场监管总局办公厅．关于加快电梯隐患排查治理提升应急处置能力和维保工作质量的通知 [J]. 西部特种设备，2021（4）：5-6.

[67] 苏海强．低价竞争成“电梯杀手” [N]. 深圳商报，2013-05-22（A04）.

[68] 苏永桂“保险+物联网+维保+养老”电梯安全监管模式探讨 [J]. 市场周刊，2019（12）：13-14.

[69] 孙聪颖．空调企业战火烧至售后领域 [N]. 北京

商报，2011-03-04.

［70］唐为国．当前反垄断对汽车售后备件市场影响［J］．中外企业家，2014（27）：25.

［71］唐文兴．基于博弈论分析电梯维保行业存在的问题［J］．中国电梯，2021（24）：19-23.

［72］唐要家，唐春晖，管霞霞．排他性单一品牌经销的汽车售后市场垄断化效应［J］．中国工业经济，2016（9）：41-58.

［73］汪明亮．电梯售后服务现状与解决方案［J］．中小企业管理与科技（上旬刊），2016（10）：185-186.

［74］王俊豪．深化中国垄断行业改革研究［M］．北京：中国社会科学出版社，2008.

［75］王世豪，黄敏莉．浅析院线制对中国电影产业绩效的影响［J］．经济与管理评论，2012（4）：57-61.

［76］吴昌南，钟家福．中国售后市场反垄断政策实施难点与政策体系构建［J］．江西财经大学学报，2019（1）：95-102.

［77］吴昌南．售后市场垄断：成因、效率与政策争议——西方的研究与实践及中国的政策难点［J］．当代财经，2015（9）：14-23.

［78］吴昌南．中国电影行业“偷票房”效应及监管对策［J］．商业研究，2017（12）：21-27.

［79］夏军．整车厂在汽车售后市场的格局与布局［J］．汽车维修与保养，2016（11）：52.

［80］夏盈千，翁利勇．电梯维保行业现存问题及应对措施研究［J］．山东工业技术，2017（11）：181.

[81] 肖兴志，姜晓婧．中国电信产业改革评价与改革次序优化——基于产权、竞争、规制的动态面板模型 [J]. 经济社会体制比较，2013 (2)：193-204.

[82] 徐新宇，苏华．汽车售后市场反垄断对策研究 [J]. 中国价格监管与反垄断，2014 (11)：19-25.

[83] 严向红．电梯“保险＋服务”新监管模式，破解住宅小区电梯维保的尴尬困境 [J]. 住宅与房地产，2021 (16)：66-68.

[84] 姚志勇．新型电梯维保模式的研究 [J]. 中国电梯，2020 (1)：57-60.

[85] 于立．美国政府规制成本及其经济影响分析 [J]. 世界经济，2002 (12)：33-39.

[86] 张允．汽车售后服务市场的发展与完善探析 [J]. 经济研究导刊，2015 (8)：49-50.

[87] 张文杰，姚翠萍．我国汽车售后维修市场现状及个体快修业展望 [J]. 企业改革与管理，2015 (7)：180.

[88] 张昕竹．中国规制与竞争：理论和政策 [M]. 北京：社会科学文献出版社，2000.

[89] 赵慧. “偷票房”期待第三方监管 [N]. 中国会计报，2010-12-31 (001).

[90] 赵勇进．电梯售后服务的现状和应对措施 [J]. 中国电梯，2018 (2)：68-70.

[91] 周勤，万兴．转型时期政府主导下的中国电影产业纵向变革的原因和绩效分析 [J]. 管理世界，2005 (12)：65-70＋94.

[92] 朱亮，虞小雪．售后市场格局分析 [J]. 汽车与